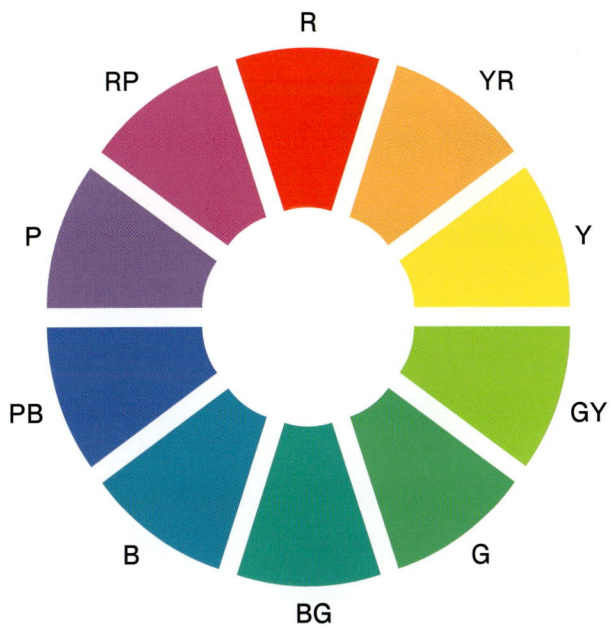

口絵 1 色相環

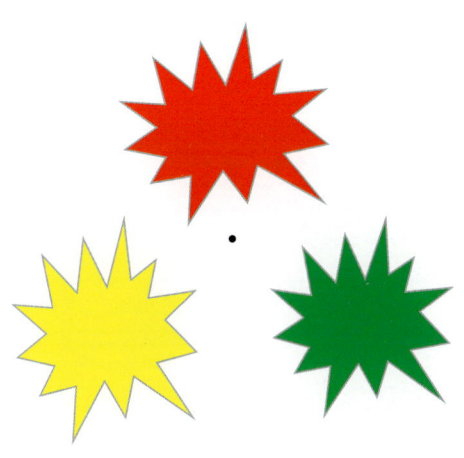

口絵 2 残像
(本文 p.39 参照のこと)

口絵 3 同化効果

口絵 4 色のシミュレーション

口絵 5 保育園室内

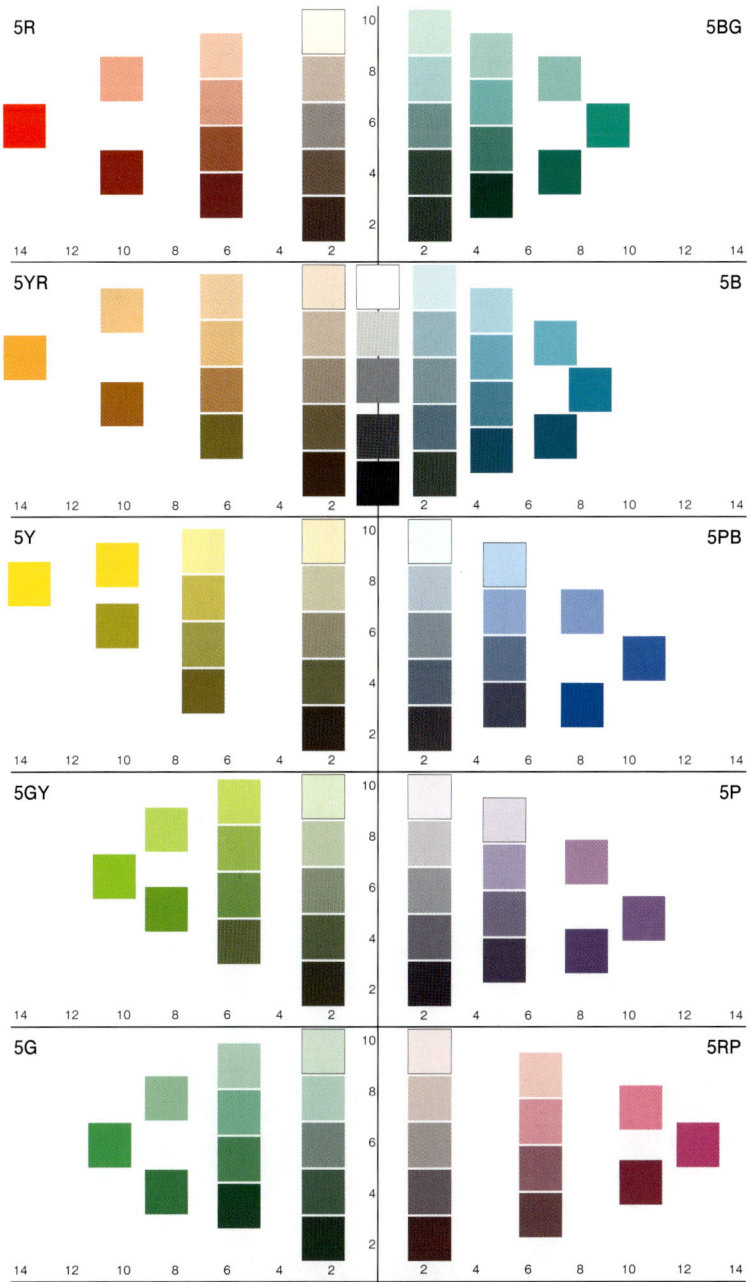

口絵6 10色相の明度・彩度の違いによる各色

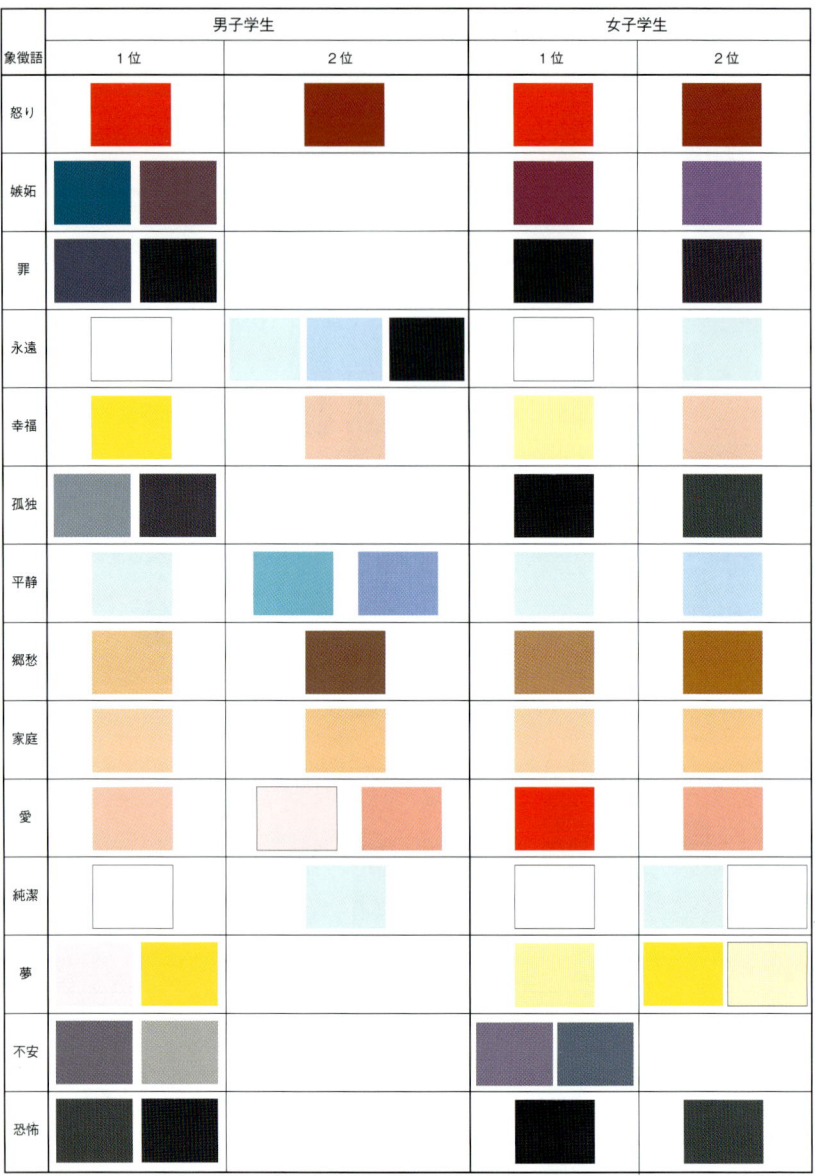

口絵7 象徴語からの連想色

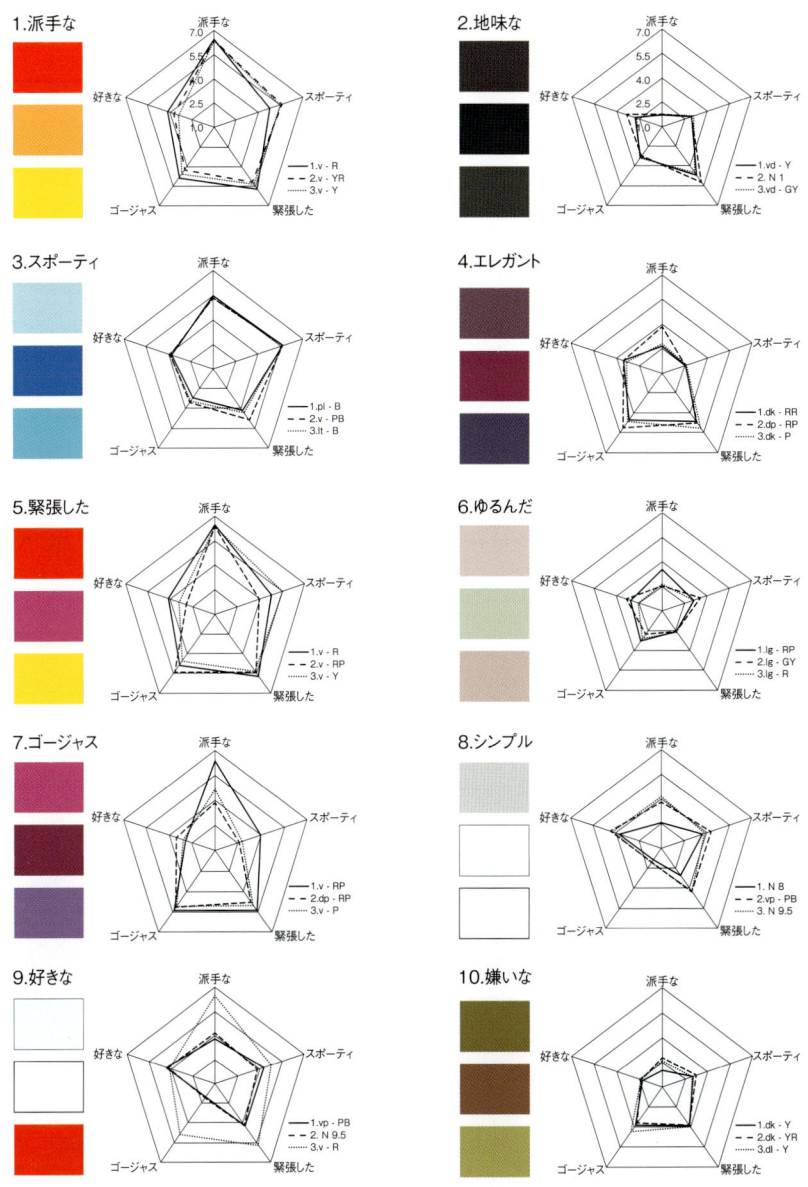

口絵8 単色の色彩感情

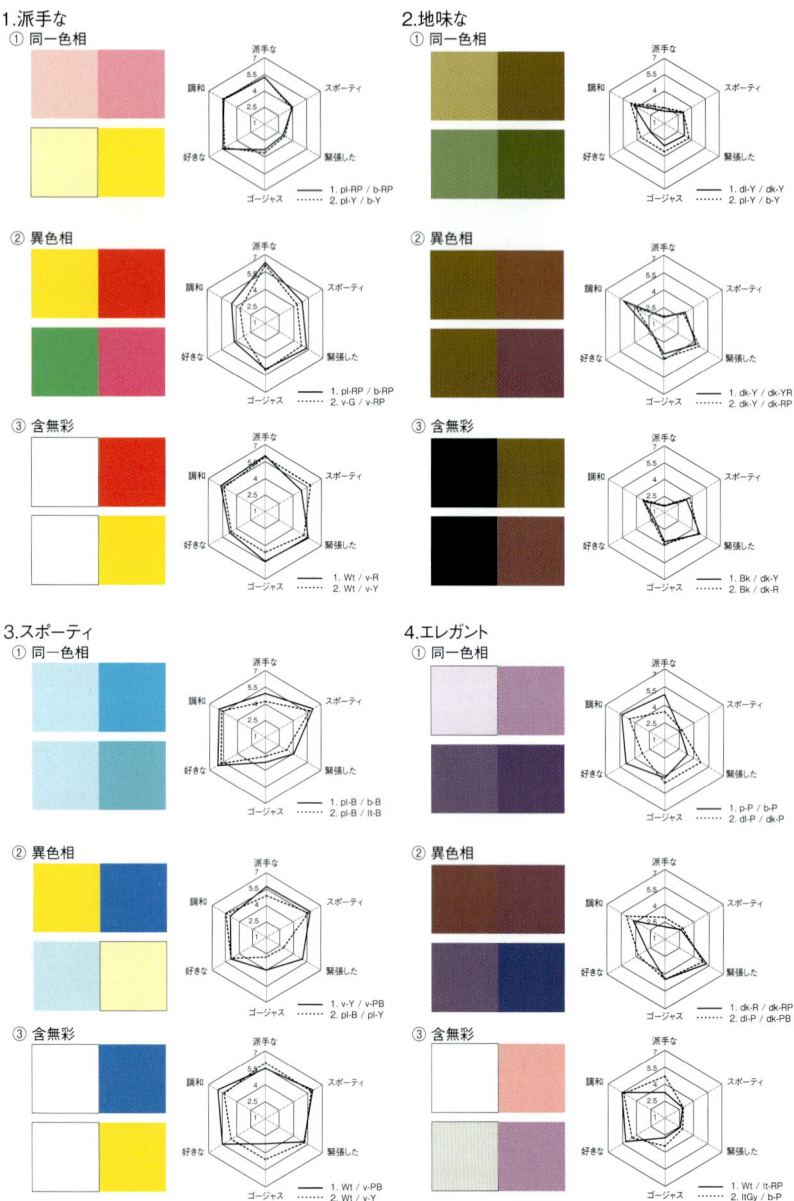

口絵 9-1 配色の色彩感情

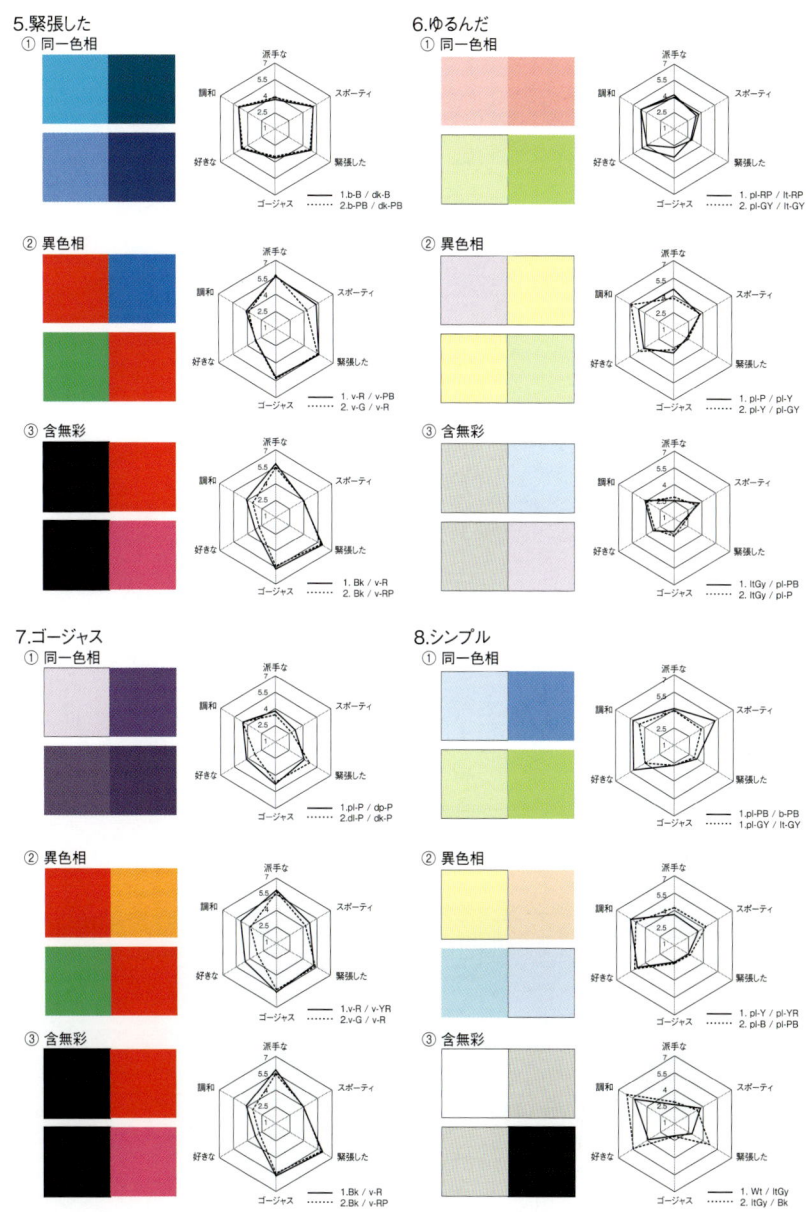

口絵9-2 配色の色彩感情

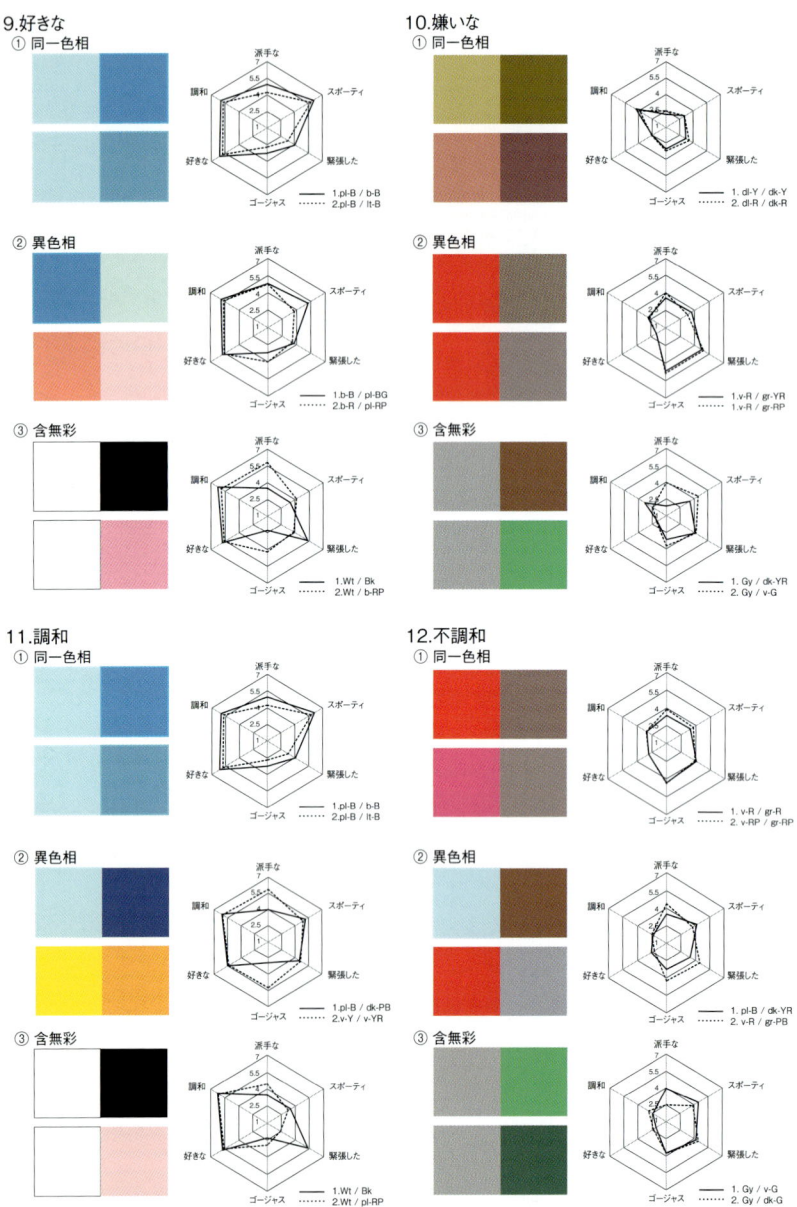

口絵 9-3 配色の色彩感情

暮らしの中の色彩学入門

【色と人間の感性】

宮田 久美子 Kumiko Miyata

新曜社

まえがき

　色彩学は大きく分けて、物理化学、生理学などの自然科学的視点と、心理学、デザイン学、芸術学などの人文・社会科学的視点からの捉え方がある。このことからもわかるように色彩の研究は学際的で、そのすべてを扱おうとすると膨大な量になるが、一人の執筆者が扱える内容は極々限られている。さらには色彩関係の専門書、啓蒙書、テキストは、すでに大型書店店頭に多数並んでいる。そのような状況の中で、あえて本書を書こうと思い立ったのは、色と人間の感性のかかわりという視点から、色についてまとめてみたいと思ったからである。

　まず、本書の構成上の特徴であるが、色について考える上で、ある程度の基本知識は不可欠である。そこで本書では、まず色の光学的、心理学的な基礎を平易に解説し、大学・短期大学生向けのテキスト・入門書、あるいは一般の方々向けの教養書として読んでいただけるよう配慮した。しかし本書の章立ては、次のように類書にない独自なものとなっている。

　「第1章　色とはどのようなものか」、「第2章　色はどのように表すか」は、色の知識の導入部分であり、なぜ色は見えるのか、そして色を文字や言葉で表現するにはどのようにすればよいのかを扱う。次に「第3章　色の見え方はどう変わるか」は、この本の主題である、色と人間の感性とのかかわりを扱う最初の章となる。人が色を見るときの、色単独、または色相互の関係で生じるさまざまな現象を理解してほしい。「第4章　色彩からどのような感情をもつか」、「第5章　配色の考え方と色彩調和論の流れ」は、色と感性に

関する本書の中心的な内容を扱っている。「第6章　生活・環境と色彩」は、生活環境という広範囲なテーマの中から、国旗の色と意味、カラーユニバーサルデザイン、建物室内と外部の色、ファッション雑誌にみる服の色、日常着の色、とごく一部の内容に限って述べた。「第7章　日本文化史から衣服にあらわれた色をみる」では、主に日本の古墳時代から明治時代までにあらわれた衣服の色について概観する。最後に巻末「資料」として、和色名と外来色名の慣用色名、色にまつわる諺と成句、日本の歳時記を載せたが、これらも読者にぜひ関心をもっていただきたい事項である。

　このように、本書は色彩入門として独自の構成をもつが、内容においても基本事項を踏まえながらそれにとどまらず、従来の研究成果に加えて、可能な限り最新のトピックスも盛り込んだ。特に、本文中の第4、5章部分（色の感情効果、色彩調和）、そして第6章4節には、色の感情効果、色彩調和などについて調査研究を実施してきた著者の新規データをもとに、現時点での結果をまとめてある。しかるに、それらに関しては未だ研究途中であり、後年さらに成果を発表していけたらと願っている。

　色の調査は調査条件の設定が難しく、条件が少し変わると結果が異なったりする。調査数がある程度多くないと何もいえないが、対象人数が多くなると同一条件下での実施が困難となり、データ数だけ多くても結果の信憑性が疑われることになりかねない。また、たとえば色票（色カード）を提示する調査では、色票の総数、そして選択した色の内容が結果に影響する。本書には、著者最多の色数（色票数126色）で調査した最新の内容を入れてある。

　先行文献や他の専門書には研究成果の図表が多く掲載されているので、それらについては各原文献を参照していただくこととし、本書では極力再掲を避け、オリジナルなデータから導いた図表を可能な限り掲載した。しかし上述のように、色についての基本的事象は押

さえてあるので、読者に考えていただく材料を提供したつもりである。

　色彩に携わる人（特に研究者といわれる人）は、人間としておもしろみのない人が多いようだ、とある先人は語っていた。その範疇に入らないことを心掛け、人生を遊んでいきたいものである。ここで遊ぶとは、水戸第九代藩主徳川斉昭の直筆で、弘道館にある掛け軸、「游於藝」（芸に遊ぶ）の内容を意味する。その出典は論語の「文武にこりかたまらず、悠々と芸を究める」という意味であり、ここで藝とは、六芸すなわち、礼儀作法・音楽・弓術・馬術・習字・算数をさす。各人の成すべきこと（学業や仕事）を楽しみながら、自由な発想ができる境地と解釈できるであろうか。

　自分の則を超えない範囲で書き上げた本書ではあるが、色彩のテキスト、教養書として読者のお役にたつだけでなく、本書を土台として、関心をもたれた事項についてさらに他文献にあたり色の知識を増やすとともに、色の豊かな世界に遊んでいただくことができれば幸いである。

　本書には多くの参考文献を参照させていただいた。多くの先達に敬意を表するとともに、ここに深謝したい。記述は正確を期すよう努めたが、しかし著者の思い違いや説明不足の箇所などもあるかと思う。読者諸氏から本書の内容に関する疑問、質問、意見などを沢山お聞かせ願えれば幸いである。お気づきの点をぜひともご指摘いただきたく思っている。

　最後に、恩師大山正先生、鈴木由紀生先生、椎名健先生のこれまでのご指導に深く感謝申し上げる。また、この本の刊行に際し、多大なご尽力を賜った新曜社塩浦暲社長はじめお世話になった関連諸氏に深謝したい。まさにこれらの方々のお骨折りにより本書が誕生した。

　　2014 年春

　　　　　　　　　　　　　　　　　　　　　　　宮田　久美子

目　次

まえがき　i

第1章　色とはどのようなものか ──── 1
 1-1　色とは　　　　　　　　　　　　1
 1-2　光とは　　　　　　　　　　　　3
 1-3　眼の構造とはたらき　　　　　　6
 1-4　色覚について　　　　　　　　　9
 【参考文献】　　　　　　　　　　　11

第2章　色はどのように表すか ──── 13
 2-1　色名による色の表し方　　　　　14
  2-1-1　慣用色名　　　　　　　　14
  2-1-2　系統色名　　　　　　　　15
 2-2　表色系による色の表し方　　　　17
  2-2-1　マンセル表色系　　　　　17
  2-2-2　オストワルト表色系　　　21
  2-2-3　ナチュラルカラーシステム（NCS）　24
  2-2-4　PCCS（日本色研配色体系）　27
  2-2-5　XYZ表色系　　　　　　　30
 【参考文献】　　　　　　　　　　　32

第3章　色の見え方はどう変わるか ──── 35
 3-1　混　色　　　　　　　　　　　　35
 3-2　主観色　　　　　　　　　　　　37
 3-3　色の残像　　　　　　　　　　　39

3-4　暗順応・明順応　39
3-5　色の同化効果　40
3-6　色対比　41
3-7　視認性　42
3-8　色の面積効果　43
3-9　色と距離感　44
3-10　色と大きさ感　44
【参考文献】　45

第4章　色彩からどのような感情をもつか ── 47
4-1　色名から連想される語 ── 具象語・抽象語　47
4-2　象徴語からの連想色　51
4-3　ことばからの連想色　57
4-4　単色の感情効果　61
4-5　配色の感情効果　68
【参考文献】　74

第5章　配色の考え方と色彩調和論の流れ ── 77
5-1　配色の考え方と主な配色技法　77
5-2　欧米の色彩調和論の流れ　81
5-3　日本の色彩調和論の流れ　87
【参考文献】　95

第6章　生活・環境と色彩 ── 99
6-1　国旗の色と意味について　99
6-2　カラーユニバーサルデザインとは　102
6-3　建物室内と外部の色、スマーフ村　108
6-4　ファッション雑誌掲載にみる服の色、日常着の色　113
　　　6-4-1　ファッション雑誌掲載にみる服の色　113

			6-4-2　日常着の色	*116*
	【参考文献】			*121*

第7章　日本文化史から衣服にあらわれた色をみる ── *123*

　　7-1　古墳時代（古墳壁画より）　　　　　*124*
　　7-2　飛鳥・奈良時代　　　　　　　　　　*126*
　　　　7-2-1　繧繝彩色　　　　　　　　　　*126*
　　　　7-2-2　冠位十二階　　　　　　　　　*127*
　　　　7-2-3　高松塚古墳壁画　　　　　　　*129*
　　7-3　平安時代　　　　　　　　　　　　　*129*
　　　　7-3-1　代表的な色　　　　　　　　　*130*
　　　　7-3-2　位　色　　　　　　　　　　　*131*
　　　　7-3-3　かさねの色目　　　　　　　　*132*
　　7-4　鎌倉時代　　　　　　　　　　　　　*133*
　　7-5　室町時代　　　　　　　　　　　　　*135*
　　7-6　安土桃山時代　　　　　　　　　　　*137*
　　7-7　江戸時代　　　　　　　　　　　　　*138*
　　　　7-7-1　代表的な色　　　　　　　　　*139*
　　　　7-7-2　四十八茶百鼠　　　　　　　　*140*
　　7-8　現代（明治時代以降）　　　　　　　*142*
　　【参考文献】　　　　　　　　　　　　　　*144*

資　　料 ──────────────── *145*

　　資料1　慣用色名　　　　　　　　　　　　*146*
　　資料2　色にまつわる諺と成句　　　　　　*154*
　　資料3　歳時記　　　　　　　　　　　　　*159*

　索　引　*163*

　　　　　　　　　　装幀＝吉名　昌（はんぺんデザイン）

第1章　色とはどのようなものか

　第1章では、色とはどのようなものか、なぜ色が見えるのか、色が見える仕組みはどのようになっているのか、光、眼の構造とはたらきなどについてみていく。

1-1　色とは

　色とはどのようなものをいうのか、それをまずみていこう。辞書を引くと、"色"の語には、次のように多くの意味がある。[1]

　❶視覚のうち、光波のスペクトル組成の差異によって区別される感覚。光の波長だけでは定まらず、一般に色相、彩度および明度の三要素によって規定される。色彩。❷色彩に関係ある次のようなもの。①階級で定まった染色。当色。②禁色。③喪服のにびいろ。④婚礼や葬礼のとき、上に着る白衣。色着。色被り。⑤顔色。⑥おしろい。化粧。⑦醤油や紅の異称。❸容姿などが美しいこと。①容姿または髪の毛が美しいこと。②物事の美しさ。はなやかさ。❹ものの趣。①興味。趣味。②けはい。きざし。様子。③調子。響き。❺愛情。愛情の対象たる人。①なさけ。②色情。欲情。情事。③情人。恋人。色男。色女。④遊女。❻①種類。品目。②（種々の物の意）租税としての物品。しき。❼邦楽で、主旋律でない修飾的な節。また、言

葉の部分と節の部分との中間的な扱いをする唱え方。謡曲・義太夫等種目ごとに類型がある。

一方英語の"color"には、次のような意味がある。[2]

❶ a 色、色彩；色調；彩色、着色（coloring）；（光線・画・墨絵などの）明暗；顔料、えのぐ；ヘアカラー；〘紋〙カラー（紋章に使用する gules, azure, sable, vert, purpure, sanguine, tenne などの原色の総称）；〘玉突〙（スヌーカーの）カラーボール（白の手球と赤球以外の玉）。b（白・黒・灰に対して）色のついた、カラーの。❷ 顔色、血色；（顔の）紅潮、赤面。❸（有色人種の）肌の色；有色人種、（特に）黒人。❹ 外見、姿；[pl] 性格；[pl] 立場、意見；本当らしさ；口実；〘法〙（実体がないのにあるように装う）外観、表見、表見上の権利。❺ a〘文芸〙個性、特色、（作品の）味、表現の変化、あや、気分；生気、生彩；地方色、時代色。b（口）（スポーツ放送に興味を添えるための）試合の分析と統計および選手についての背景的情報など。❻ 音色、音質。❼ [U pl]（所属団体などを表わす）色リボン、色バッジ、色服。❽ a [U pl] 国旗、軍旗、連隊旗、軍艦旗、船舶旗；[pl] 軍隊。b [pl]（米海軍）軍艦旗に対する敬礼。❾（砂金を包む砂を洗って残る）金の細粒。❿〘理〙（クォークの）カラー、色。

以上のように、英語では複数形で国旗の意味があること等、日本語の"色"と英語の"color"では若干意味に違いがあることがわかる。本書では主として、視知覚としての色を扱う。
　さて色には、色知覚の質的および形状、観察条件などにより、いくつかの比較的重要な見えのモードがある。

物体色：対象物体に属しているように見える色。
表面色：対象物の表面から拡散的に反射または放射しているように見える色。
開口色：遮光板に開けた孔の中に見える一様な色。奥行き方向の空間的定位が特定できないような色をいい、一例として厚紙に孔を開けて覗いた青空の色があげられる。

それでは、色が見える仕組みはどのようになっているのであろうか。

物体の色は、光、物体、人間（視覚）の3要素が組み合わされて生まれる感覚体験である。よって、それらの要素のうち1つでも変化すれば、色の見え方は変わる。たとえば、光源からの光（照明）が物体（リンゴ）に当たって反射した光を人間の目（網膜）で受光し、その光の刺激が脳に伝達されてそこで色を感じる。そして色や形などを認識するとともに、その色から暖かい、美味しそうなどの感情やイメージが生じ、さらに脳に記憶されている過去の情報と照合して、自分におけるその情報の意味づけ、判断が下される。

1-2　光とは

光とは、目に入って視感覚を起こすことができる放射（可視放射ともいう）のことで、紫外放射から赤外放射までの波長範囲に含まれる放射をいう。また放射とは、電磁波（すなわち光子）のエネルギーの放出または伝搬をいう[3]。図1-1に、電磁波と可視光の波長範囲を示す[4][5]。

可視放射（可視光ともいう）とは、目に入って視感覚を起こすことができる放射で、可視光線ともいう。一般に可視放射の波長範囲

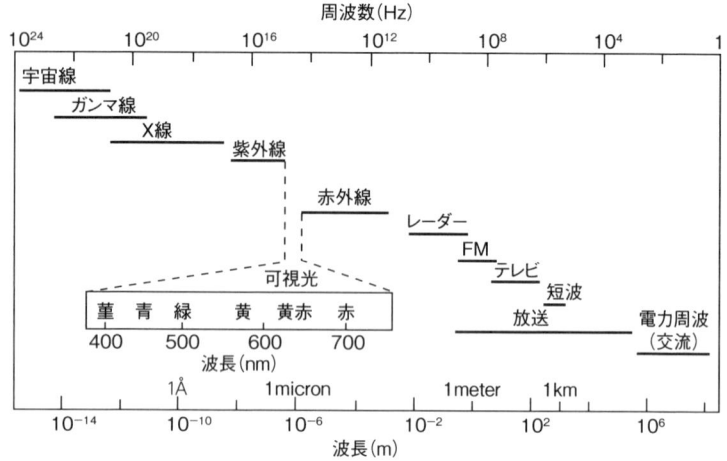

図 1-1　電磁波と可視光の波長範囲
(McKinley ed., 1947[4] ／千々岩, 2001[5] より)

の短波長限界は 360 〜 400nm、長波長限界は 760 〜 830nm である（1nm（ナノメーター）は $1/10^9$m、1nm = 1mμ（ミリミクロン））。

　図 1-1 中の、紫外放射、紫外線（ultraviolet radiation）とは、単色光成分の波長が可視放射の波長より短く、およそ 1nm より長い放射をいい、赤外放射、赤外線（infrared radiation）とは、単色光成分の波長が可視放射の波長より長く、およそ 1mm より短い放射をいう。CIE（Commission Internationale de l'Eclairage の略記：国際照明委員会）では通常、紫外線のうち波長 100nm 〜 400nm の範囲を、UV-A: 315 〜 400nm、UV-B: 280 〜 315nm、UV-C: 100 〜 280nm、そして赤外線のうち波長 780nm 〜 1mm の範囲を、IR-A: 780 〜 1400nm、IR-B: 1.4 〜 3μm、IR-C: 3μm 〜 1mm、のように区分する。[6]

　補足すると、CIE とは、光と照明の分野での科学、技術および工芸に関する事項について国際的討議を行い、標準と測定の手法を開

発し、さらに、国際規格および各国の工業規格の作成に指針を与え、規格・報告書などを出版し、他の国際団体との連携・交流をはかる国際的な非営利の団体である。

　さて物体の測色に際しては、測色用の光を定めておく必要がある。ここでは測色用の標準イルミナント（標準の光）の種類と内容を簡単に示しておくが、詳しくは参考文献等にあたってほしい。[7][8][9] イルミナント（illuminant）とは、それで照明された物体の色知覚に影響を及ぼす波長域全体の相対分光分布が規定されている放射をいう。以前は、「測色用の光」といった。

　　昼光イルミナント（daylight illuminant）：昼光のある様相とほぼ等しい相対分光分布をもつように定めたイルミナント。昼光の代表として主として北窓についての多くの分光測定値から統計的手法によりCIEが定めた各々の相関色温度における分光分布をいい、明確にはCIE昼光、またはCIE昼光イルミナントと呼ぶ。

　　標準イルミナント（CIE standard illuminant）：CIEによって相対分光分布が規定された標準イルミナントAおよび標準イルミナントD65をいう。標準イルミナントAは、色温度が約2856Kの白熱電球で代表され、標準イルミナントD65は、色温度が約6504Kの自然昼光（北半球における北窓光）で代表されるイルミナントである。

　　補助標準イルミナント（supplementary standard illuminant）：CIEによって相対分光分布が規定された、その相関色温度がケルビン（K）単位で、それぞれ、約5003K、約5503Kおよび約7504Kである3種類の昼光イルミナントD50、D55、およびD75、ならびにイルミナントCがある。

1-3　眼の構造とはたらき

　眼球は視覚系の入り口で、その大きさは直径約 24mm である。図 1-2 に眼球の断面図（右眼を上から見た図）[10][11]を示す。
　光は、角膜、房水、水晶体、硝子体を通って網膜に達する。水晶体の前面には虹彩があり、瞳孔を形作っている。
　ここで、角膜は、眼球の先端部を構成する透明な部分であり、直径約 10mm、厚さは中央部で 0.8mm である。瞳孔は、虹彩によってできる円形の孔であり、明るさによりその直径は約 2mm から 8mm まで変化する。水晶体は、調節能力のあるレンズで、その屈折率は中央にいくほど高い。硝子体は、眼球内の水晶体と網膜の間を満たす半流動性、ゼリー状の透明な物質である。
　網膜は、眼球の内壁を形成し眼球内部の全面を覆うように広がり、光に感じる厚さ約 0.25mm、面積約 1100mm^2 の薄い膜である。錐体、杆体の視細胞、その他の神経細胞からなり、視細胞からの信号を視神経へ送る。また、網膜の外側は脈絡膜と強膜で覆われる。
　中心窩（か）は、網膜のほぼ中央にあるくぼみで、ほぼ錐体で構成されており、色覚および視力が最も良い部分である。網膜の中心窩を含んだ直径約 3 〜 5 度程度の範囲は黄斑部（おうはん）と呼ばれ、光に対して安定な黄斑色素が網膜内に存在し、錐体視から杆体視に移行する部位である。
　盲点は、網膜上で視神経乳頭に対応して光感覚を生じさせない部分であり、中心窩の鼻側 15 度の部位にあり、大きさ約 7 度、横約 5 度である。
　杆体（杆状体）と錐体（錐状体）は、網膜の視細胞の一種で、杆体は約 1.5 億個あり、主に暗い所で働き暗所視をつかさどり、明暗

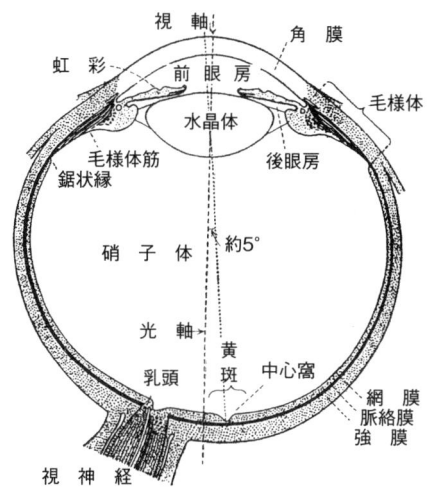

図 1-2　眼球の断面図（Davson, 1963[10]／鳥居, 1989, p.3 より[11]）

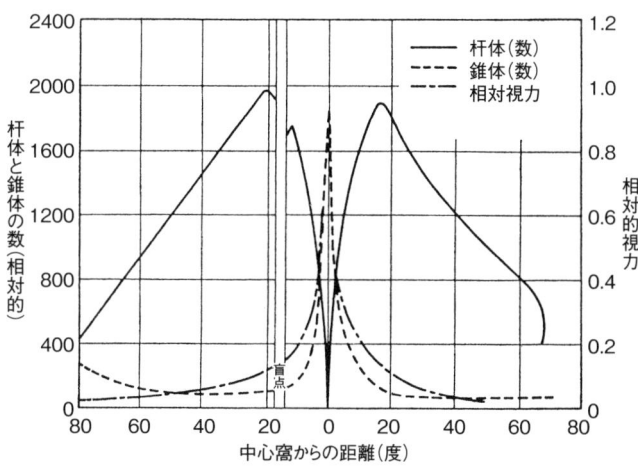

図 1-3　網膜上での杆体と錐体の分布（Österberg, 1935[12]／千々岩, 2001 より[13]）

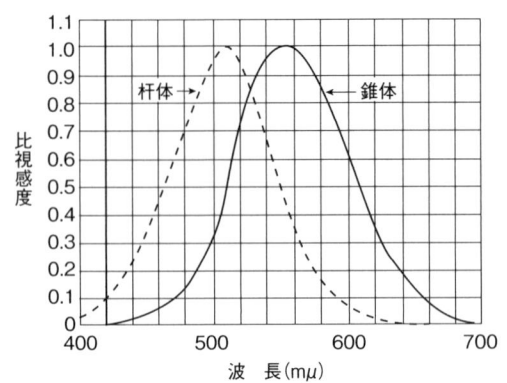
図 1-4 比視感度曲線（Judd & Wyszecki, 1963／本明監訳, 1964）[14]

感覚だけに関係する。一方錐体は約 650 万個あり、明るい所で働き明所視をつかさどり、色覚および視力に関係する。図 1-3 に視細胞の分布を示す。[12][13]

錐体には長い波長の光に反応する L 細胞、中ぐらいの波長の光に反応する M 細胞、短い波長の光に反応する S 細胞の 3 種類があり、脳はこれら 3 種類の錐体の反応の差を計算して色を判断する。

色覚の現れ方は、光の波長によって異なる。最も感度が高い波長 555nm（黄緑色）における感度を 1 として、可視領域の各波長における視感度を数値化した曲線を比視感度曲線という。図 1-4 に示す[14]ように、明所では主に錐体が働いて 555nm でピークとなるが、暗所では杆体が働き 510nm 付近でピークとなる。明所と暗所では目の感度にずれが生じるため、青は暗所では相対的に明るく見え、赤は暗く見える。このような現象をプルキンエ現象（Purkinje phenomenon）といい、チェコスロバキアの生理学者プルキンエが 1825 年に発見したことからこの名がついた。たとえば、日中は同じ明るさに見えていた赤と青の図柄の看板が、夕暮れや夜間になると、青の方がより明るく赤がより暗く見える現象をいう。

1-4　色覚について

　対象物の像を網膜の中心窩に結像して見ることを中心視といい、錐体が密に分布している中心窩は、色の識別力および視力が最もよい。一方、杆体が多く分布し、微弱な光やその変化、および動きを検出する力が大きい網膜の周辺部分で見ることを周辺視という。

　物を見るという機能は、視力、視野、色覚の3つに支えられている。視力は細かい物を見分ける力、視野は同時に見渡せる範囲、色覚は色を識別する感覚である。これら3つの機能は網膜にある視細胞の働きによるため、この視細胞がうまく機能しないと、視力の低下や視野が狭くなる、色を識別しにくくなるという状態が生じる。

　色覚は、色の識別能力が正常である色覚と、若干の、またはすべての色の識別能力が低下した状態である色覚の異常とに分けられる。すべての色は色光の三原色といわれる赤、緑、青の3つの光の組合せでつくられていて、色を感じ取る視細胞も赤、緑、青に敏感な3種類のタイプがある。この3種類の視細胞のうちどれかが不足していたり、機能が十分でないときに色覚の異常がおこる。

　色覚の異常には、先天性と後天性がある。先天性の場合は、その原因は遺伝的なものであり、両眼性である。色覚異常の症状の程度が変化しない、色覚以外の視機能は正常（ただし1色覚（全色盲）の場合の視力は良くない）、他人からの指摘や自分で検査を受けない限り異常を自覚できない、有効な治療法がない、という特徴をもつ。一方後天性の場合は、眼疾患（緑内障や網膜の病気など）のひとつの症状としておこり、眼の左右で異常の程度に差があることが多く、原疾患により改善や悪化し、視力や視野にも異常があることが多く、色覚の異常を自覚できる、原疾患が治療対象となり色覚の異常だけ

表 1-1　先天性色覚異常の分類

1色覚（旧：1色型色覚、全色盲）：1種類の色光ですべての波長の光と等色が可能。
錐体1色覚（旧：錐体1色型色覚）：すべての光を単一色に感じるが視力は健常。
杆体1色覚（旧：杆体1色型色覚）：すべての光を無彩色一色に感じ、視力は0.1前後の弱視。
2色覚（旧：2色型色覚）：2種類の色光で等色が可能。
1型2色覚（旧：第1色盲、赤色盲）   　2型2色覚（旧：第2色盲、緑色盲）   　3型2色覚（旧：第3色盲、青色盲）
異常3色覚（旧：異常3色型色覚、色弱）：正常3色覚とは異なった3種類の色光で等色。
1型3色覚（旧：第1色弱、赤色弱）   　2型3色覚（旧：第2色弱、緑色弱）   　3型3色覚（旧：第3色弱、青色弱）

が取り上げられることはあまりない、という特徴をもつ。よって、色覚異常は普通先天性の場合に問題視される。

　現在用いられている先天性色覚異常の分類を表1-1に示す[15][16]。近年色覚用語の改訂が行われたため、対応する旧用語もカッコ内に付け加えた。

　説明を加えると、1色覚は、ほとんどが杆体1色覚である。2色覚とは、3種類の視細胞のうちの1つが欠けている場合で、赤を感じる視細胞がない場合が1型2色覚、緑を感じる視細胞がない場合が2型2色覚、青を感じる視細胞がない場合が3型2色覚である。異常3色覚（いわゆる色弱）とは、視細胞は3種類あるが、そのうちどれかの機能が低下している場合をいい、赤を感じる視細胞の感度が低い場合が1型3色覚、緑を感じる視細胞の感度が低い場合が2型3色覚、青を感じる視細胞の感度が低い場合が3型3色覚である。

　日本人の場合、男性の5％、女性の0.2％、国内では約300万人

が先天性色覚異常に該当するといわれるが、その程度は人によって異なる。

　どのような色が区別しにくいかというと、頻度の高い2型色覚（2型2色覚と2型3色覚）の人の場合は、赤と緑、橙と黄緑、緑と茶、青と紫、ピンクと白、ピンクと灰色、緑と灰色、緑と黒が区別しにくく、1型色覚（1型2色覚と1型3色覚）の人の場合は上記に、赤と黒、ピンクと青が加わる。色覚に異常がある人のすべてがこれらの色を区別しにくいわけではなく、人により1つしか該当しない人もいれば、ほとんどが該当する人もいる。また誤認を生じやすい条件としては、対象物の色の面積が小さい場合、色の彩度が低い場合、照明が暗い場合、疲労などで注意力が低下している場合などがあげられる。

　なお、色覚異常については、6章6-2に述べるように、カラーユニバーサルデザインの見地から新しい提案がなされている。

【参考文献】

［1］『広辞苑』:（第六版　2008, 岩波書店）
［2］『リーダーズ英和辞典』（第3版第1刷 2012, 研究社）
［3］JIS Z 8120 : 2001 光学用語
［4］McKinley, R. W. (ed.) (1947) *IES Lighting Handbook*, New York: Illuminating Engineering Society.
［5］千々岩英彰（2001）『色彩学概説』東京大学出版会, p.19.
［6］JIS Z 8113 : 1998 照明用語
［7］JIS Z 8720 : 2012 測色用の標準イルミナント（標準の光）及び標準光源
［8］JIS Z 8781-2 : 2012 測色－第2部：CIE測色用標準イルミナント
［9］JIS Z 8105 : 2000 色に関する用語

[10] Davson, H. (1963) *The physiology of the eye*. Churchill.

[11] 鳥居修晃（1989）『視覚の心理学』サイエンス社, p.3.

[12] Österberg, C. A. (1935) Topography of the layer of rods and cones in the human retina, *Acta Ophthalmol.*, suppl., 6, 103.

[13] 千々岩英彰（2001）『色彩学概説』東京大学出版会, p.32.

[14] Judd, D. B. & Wyszecki, G. (1963) ／本明寛監訳（1964）『産業とビジネスのための応用色彩学』ダイヤモンド社, p.14.

[15] 日本医学会（2007）『医学用語辞典　WEB版』より

[16] 岡島修（2011）「先天色覚異常の分類と先天赤緑色覚異常」日本色彩学会編『新編色彩科学ハンドブック［第3版］』東京大学出版会, p.380.

第2章 色はどのように表すか

 日頃、私たちは色をどのように表現しているだろうか。真っ赤なリンゴとか、鳥居のような赤であるとか、秋空のような色、小豆色、土色など、さまざまに表現している。

 北原白秋作詞の童謡『城ケ島の雨』は、「雨がふるふる城ケ島の磯に、利休鼠の雨がふる」という出だしである。"利休鼠の雨がふる"とは、一体どのような色の雨を表現しようとしているのか、利休鼠という表現を用いることで何を表したかったのか、ぜひ作詞者に尋ねてみたいところであるが、今となっては叶わない。慣用色名[1][2]にある利休鼠を調べてみよう。想像していた色と同じであったかどうかはともかく、何か風情を感じる表現ではなかろうか。

 一般の人たちや学生に聞いてみると、私たちは普段、20個前後の色の名前を使って生活している。ある人が言葉として表現した色が、受け手側に多少違って伝達されても、日常生活ではさして不都合は生じない。しかし、もっと詳しく色を表示、記録、または伝達したい場合には、次に示すような色の表示方法を用いる必要がある。

 大まかに色を表示したい場合は、"色名による色の表示"を用いる。さらに、色を細かく表示するには、表色系による色の表示のうち、"カラーオーダーシステム"(color order system: 系統的に色を配列した標準色見本がある色の体系)と呼ばれるもの(マンセル表色系、オストワルト表色系、ナチュラルカラーシステム (NCS)、PCCS (日本色研配色体系) など) のいずれかを用いる。さらに、工業レベルで

色を区別する場合には、"XYZ 表色系"などを用いることになる。

　ここでは色名による色の表し方、表色系による色の表し方のうち、カラーオーダーシステムのマンセル表色系などと、混色系の XYZ 表色系の色の表示についてみていく。さらに詳細を知りたい場合は、参考文献にあたってほしい。

2-1　色名による色の表し方

　色名により色を表す方法としては、「慣用色名」（慣用的な呼び方で表した色名）と、「系統色名」（物体色を系統的に分類して表現できるようにした色名）とがある。

2-1-1　慣用色名

　現在慣用色名には、和色名147、外来色名122、計269が示されている[1]。慣用色名は、動物・植物・鉱物の名称等に由来する場合が多いが、色名かそうでないかが紛らわしい場合は色名の末尾に"色"をつけて"○○色"と表し、紛らわしくない場合は"○○色"が省略可能である。たとえば前者の例として勝色、とび（鳶）色、後者の例として灰、紺がある。

　和色名、外来色名の数例を次に示そう。

　　和色名：とき（鴇）色、海老茶、刈安色、新橋色、かめのぞき（甕覗き）、利休鼠

　　外来色名：ワインレッド、ネービーブルー、マゼンタ、アッシュグレイ

巻末の資料1には、慣用色名、対応する系統色名、そして三属性による色記号の"色相・明度／彩度（*HV/C*）"を示すが、*HV/C*の値は、あくまでも"代表的な"値であることに留意してほしい（*HV/C*の説明は後出2-2-1参照）。

慣用色名のうち、自分がよく使うのは何であるか、書き出してみよう。また、個々の慣用色名の由来を調べてみるとおもしろい発見がある。[3]

2-1-2　系統色名

系統色名とは、あらかじめ決められている色名や修飾語（形容詞）を用いて色を表示するものである。

系統色名は、有彩色（chromatic color: 色相をもつ色で、日常では多くの場合"色"といえば有彩色を意味し、白・灰・黒と対比して用いられる）の系統色名と、無彩色（achromatic color: 色相をもたない色で、白・灰・黒の色名が用いられる）の系統色名に区分される。

有彩色の系統色名の基本色名：赤（red: R）、黄赤（yellow red, orange: YR, O）、黄（yellow: Y）、黄緑（yellow green: YG）、緑（green: G）、青緑（blue green: BG）、青（blue: B）、青紫（purple blue、violet: PB, V）、紫（purple: P）、赤紫（red purple: RP）の10色。

無彩色の基本色名：白（white: Wt）、灰色（gray: Gy）、黒（black: Bk）の3色。

有彩色の明度および彩度に関する修飾語：あざやかな（vivid）、明るい（light）、つよい（strong）、こい（deep）、うすい（pale）、やわらかい（soft）、くすんだ（dull）、暗い（dark）、ごくうすい（very pale）、明るい灰みの（light grayish）、灰みの（grayish）、暗い灰みの（dark grayish）、ごく暗い（very dark）。

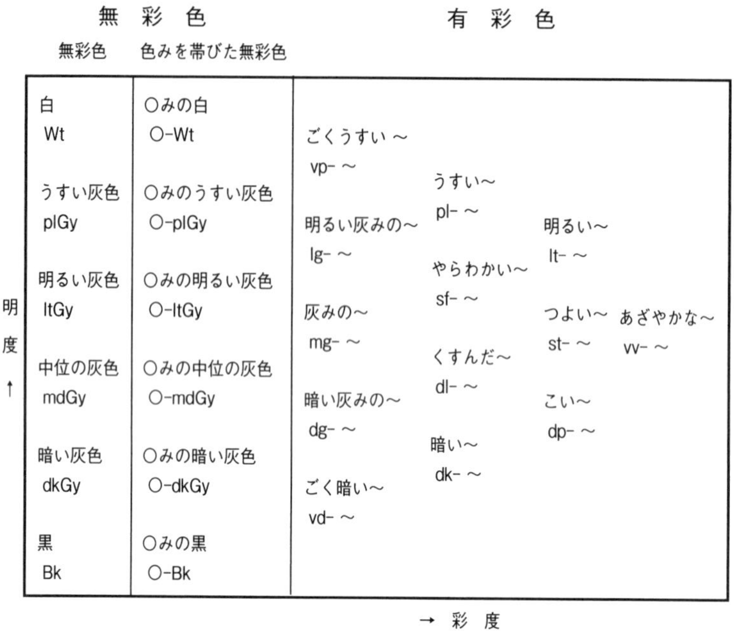

```
              無 彩 色                    有 彩 色
         無彩色    色みを帯びた無彩色

    ┌─────────────────────────────────────────────────────┐
    │ 白        ○みの白                                    │
    │ Wt          ○-Wt        ごくうすい〜                 │
    │                          vp-〜                        │
    │                                      うすい〜         │
    │ うすい灰色  ○みのうすい灰色          pl-〜           │
    │ plGy        ○-plGy      明るい灰みの〜        明るい〜│
    │                          lg-〜        It-〜          │
    │                                      やわらかい〜    │
    │ 明るい灰色  ○みの明るい灰色          sf-〜           │
明  │ ltGy        ○-ltGy      灰みの〜              つよい〜 あざやかな〜│
度  │                          mg-〜        st-〜    vv-〜 │
↑  │ 中位の灰色  ○みの中位の灰色          くすんだ〜      │
    │ mdGy        ○-mdGy                  dl-〜            │
    │                          暗い灰みの〜         こい〜  │
    │                          dg-〜                dp-〜  │
    │ 暗い灰色    ○みの暗い灰色            暗い〜          │
    │ dkGy        ○-dkGy                  dk-〜            │
    │                          ごく暗い〜                   │
    │ 黒          ○みの黒     vd-〜                        │
    │ Bk          ○-Bk                                     │
    └─────────────────────────────────────────────────────┘
                                            → 彩 度
```

図 2-1 無彩色の明度および有彩色の明度・彩度の関係

[注] 有彩色における〜印は基本色名を表す。
　　色みを帯びた無彩色の○印には、有彩色の基本色名に接尾語の"み"を付して色相を示す無彩色の基幹語を表す。

色相に関する修飾語：赤みの（reddish）：紫、黄、白、灰色、黒に適用、黄みの（yellow）：赤、緑、白、灰色、黒に適用、緑みの（greenish）：黄、青、白、灰色、黒に適用、青みの（bluish）：緑、紫、白、灰色、黒に適用、紫みの（purplish）：青、赤、白、灰色、黒に適用。

無彩色の明度に関する修飾語：うすい（pale）、明るい（light）、中位の（medium）、暗い（dark）。

図2-1に、無彩色の明度および有彩色の明度・彩度の関係を示す。

系統色名に修飾語をつけた場合の略号の表示例を次に示す。

あざやかな赤：vv-R、ごく暗い紫：vd-P、暗い緑みの青：dk-gB、暗い灰色：dkGy。

有彩色の色相の相互関係については、色相環として口絵1に示す。

2-2　表色系による色の表し方

色を定量的に表す色彩体系を表色系といい、1. 顕色系、2. 混色系がある。

1. 顕色系は、カラーオーダーシステムともいわれ、物体色を三属性（色相・明度・彩度）などによって定量的に分類し、色票などで示されることが多い。代表的な表色系にはマンセル表色系があり、その代表的な色票としては JIS 標準色票がある。

2. 混色系は、原色を設定しその混色量により色を表示する体系であり、代表的なものに CIE 表色系がある。

以下順に、顕色系として、マンセル表色系、オストワルト表色系、ナチュラルカラーシステム（NCS）、PCCS（日本色研配色体系）、次に混色系として、CIE 表色系（XYZ 表色系）について簡単に説明する。

2-2-1　マンセル表色系

マンセル表色系（Munsell color system）は、アメリカの画家で美術教育者であったマンセル（Albert H. Munsell: 1858-1918）によって創案（1905年）された表色系であり、色の三属性（色相、明度、彩度）

第2章　色はどのように表すか

のそれぞれについて、色の差が等間隔に感じられるように色を配列することで物体色を表示するものである。

その色票集にもとづいて、1943年、米国光学会（Optical Society of America）の測色委員会が尺度を修正したものを修正マンセルシステムと呼ぶ。今日ではマンセルシステムといえば、修正マンセルシステムのことをさす。マンセルヒュー、マンセルバリュー、マンセルクロマによって表面色を表す。

このマンセル表色系を日本では、「色の表示方法−三属性による表示」としてJISで採用している。[4]

マンセル表色系の代表的な色票集は、アメリカで発行された『The Munsell Book of Color』（約1600色収蔵）であり、日本における『JIS標準色票』[5]（1821色収蔵）は、マンセル表色系の色票集である。ここで色票集（color atlas）とは、色試料を一定の規則に従って配列し、それぞれ記号をつけた系統的集合をいう。

図2-2には、色の三属性の説明図を示した。中心軸方向には明度をとり上方にいくにつれて明度が高くなる。円周方向には色相をとり、そして中心軸から円周に向かうにつれて彩度が高くなるように彩度をとる。

色の三属性を尺度化して表示する方法について、以下に説明する。

色相を尺度化した色相 H（hue: ヒュー）は、明度および彩度が一定な色相環を、色相知覚の差がほぼ等歩度になるように分割する。基本色相は、R: 赤、YR: 黄赤、Y: 黄、GY: 黄緑、G: 緑、BG: 青緑、B: 青、PB: 青紫、P: 紫、RP: 赤紫の10色であり、さらに各色相を10分割、100色相環をとる。図2-3の内環には、各色相の記号とその前につけた各色相の中心的な数字5と最後の10を表す。

次の図2-4に出てくる等色相面とは、同じ色相をもつ色を、明度および彩度の順に従って、1つの平面に配列したものをいう。

明度を尺度化した明度 V（value: バリュー）は、無彩色を基準と

図 2-2　色の三属性

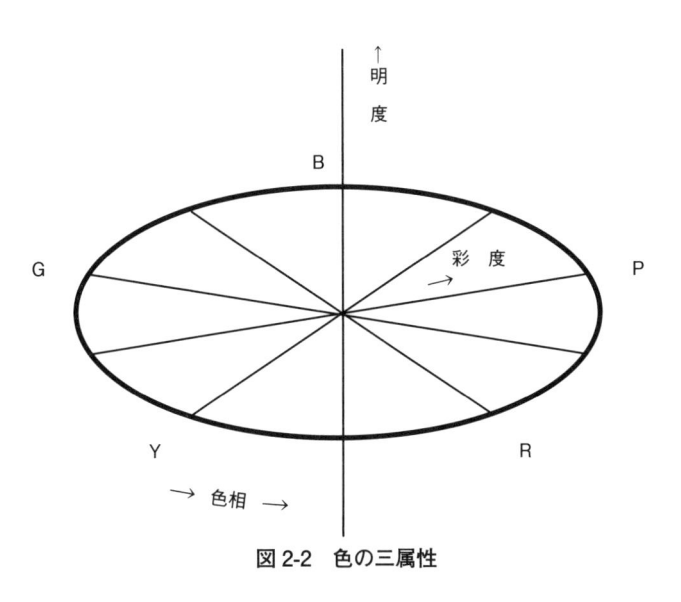

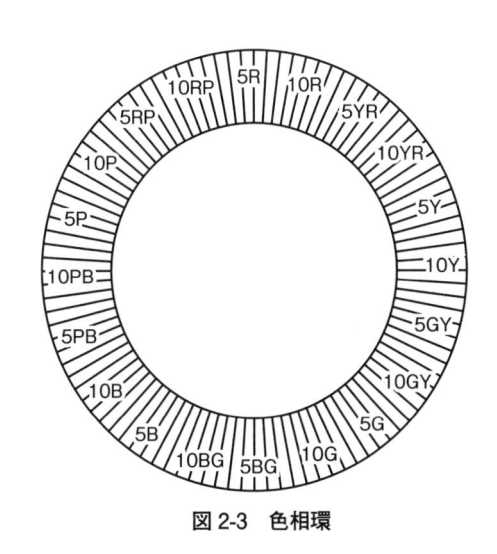

図 2-3　色相環

第 2 章　色はどのように表すか

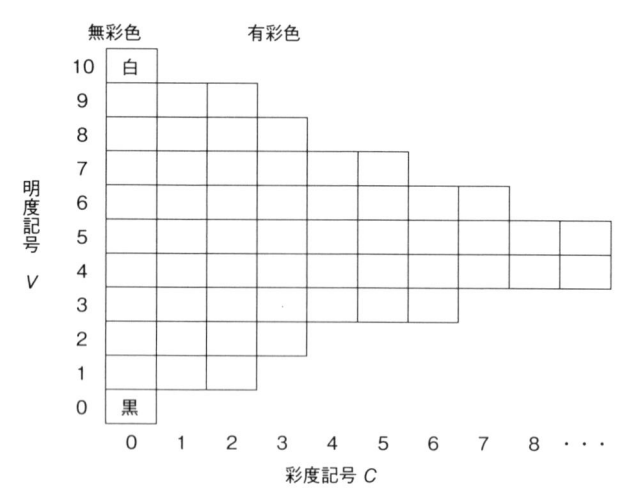

図 2-4　等色相面における明度と彩度の配列

して図 2-4 に示すように、理想的な黒を 0、理想的な白を 10 とし、その間を明度知覚の差がほぼ等歩度になるように分割して数字で表す。現在、実際に色票化されているのは、最高明度：9.5、最低明度：1.0 である。

　彩度を尺度化した彩度 C（chroma: クロマ）は、色相および明度が一定な色の配列を図 2-4 に示すように、無彩色を 0 として、彩度知覚の差がほぼ等歩度になるように分割し、彩度の度合いの増加に従って順次 1、2、3…のように、数字で表す。各色相により最高彩度は異なる。

　口絵 1 に色相環（基本 10 色）、口絵 6 に 10 色相の明度・彩度の違いによる各色、つまり有彩色の基本 10 色相ごとに明度、彩度を縦軸、横軸にとった各色の図を示す。

　三属性による色の表示方法は、色相 H、明度 V、彩度 C を用いて、有彩色は HV/C で表し、無彩色は、明度 V の前に無彩色の記号 N（neutral）をつけて、NV の方式で記載する。またわずかに色みを

感じる無彩色で色相と彩度も表示したい場合は、色相 H と彩度 C を（ ）で囲み、$NV/(HC)$ の方式で記載する。

色相 H、明度 V、彩度 C の表示記号の数字は、整数または小数点以下1位までとする。

【記載例】：5Y 8/14（5Y, 8 の 14 と読む。）
　　　　　10B 4.5/5.5（10B, 4.5 の 5.5 と読む。）
　　　　　N 7
　　　　　N 6.5/(R0.3)

現在マンセル表色系は、日本において、産業界、色彩関連学会などで広く使われている。

2-2-2　オストワルト表色系

オストワルト表色系（Ostwaltd system）とは、1909年『触媒の研究』でノーベル化学賞を受賞した、ドイツの化学者であるオストワルト（W. Ostwald: 1853-1932）が1920年に確立した理論的には混色系の表色系の様相を示す。

オストワルトは、理想的な白、理想的な黒、および理想的な純色の3つの要素の混合量によってすべての色は表されるとし、回転混色によって得た色を色票化し体系化をはかったため、顕色系ともいえる。図 2-5 に、回転混色によってできる色の説明図を示す。

図 2-6 に、オストワルト色相環を示す。色相分割については、ドイツの生理学者ヘリング（Ewald Hering: 1834-1918）の四原色説を基本に選んだ。円周を4等分し、Yellow と Ultramarine Blue、Red と Sea green を互いに2組の補色対として配置し、これらを色相環の基礎とした。次にその中間に Orange と Turquoise、Purple と

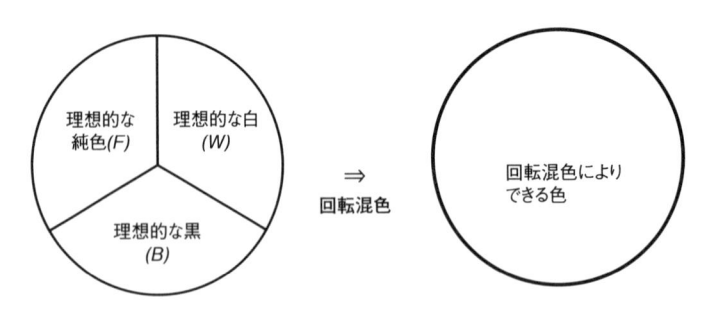

図2-5　回転混色によってできる色

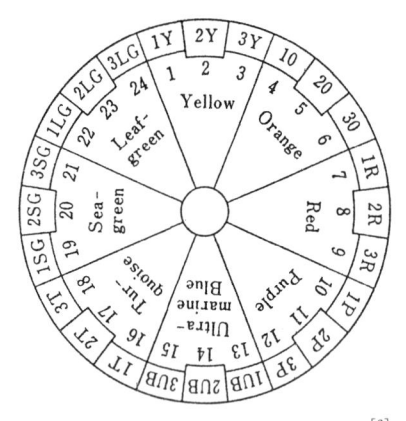

図2-6　オストワルト色相環（福田, 1996）[6]

　Leaf green の2組の補色対を配置し8色の色相とし、さらに8色相の各々を3つに均等分割して、計24色の色相環とした。
　白色量（W）＋黒色量（B）＋純色量（F）＝ 100 という関係がある。その中で白色量と黒色量の割合を表2-1に示すようにある規則に従って分割し、それぞれの割合の色に記号をつけて図2-7のように表した。
　図2-7において、aからpは無彩色軸を示しており、aに近づくほど白色量が増えて明るくなり、pに近づくほど黒色量が増えて暗

22

表 2-1　白色量と黒色量の反射率

記号	a	c	e	g	i	l	n	p
白含有量	89	56	35	22	14	8.9	5.6	3.5
黒含有量	11	44	65	78	86	91.1	94.4	96.5

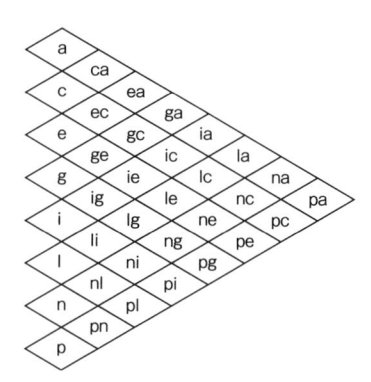

図 2-7　オストワルト等色相三角形

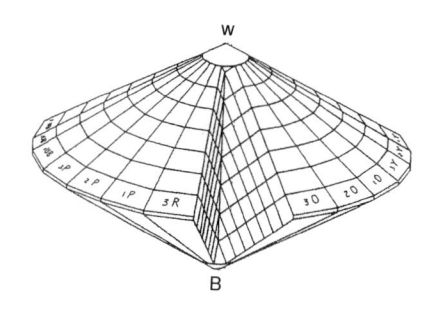

図 2-8　オストワルト色立体と等色相断面（佐藤, 2011[7]）

第 2 章　色はどのように表すか

くなる。それに純色量が加わって、図にあるような等色相三角形になる。その構造は各色相とも同じであり、オストワルト色立体は、図2-8に示すように円錐形を2つ合わせた算盤玉のような形となる。ここで色立体（color solid）とは、ある表色系において表面色が占有する色空間の領域をいう。

　オストワルト表色系の表示方法は、有彩色では、オストワルト色相環より1～24までの色相番号、白色量を表す記号、黒色量を表す記号を、この順に表示する。たとえば、有彩色の"8 i e"は、8：色相はRed、i：白色量（W）14％、e：黒色量（B）65％を示し、純色量（F）=100－(14+65)=21(％)となる。また、無彩色の"c"は、白色量（W）56％、黒色量（B）44％を示す。

　オストワルト表色系の色票は、1942年『Color Harmony Manual: CHM』としてアメリカのコンテナー・コーポレーション・オブ・アメリカ（CCA）から市販され、美術教育者や建築学者、デザイナーなどに利用された。しかし、1954年第3版で制作中止となった。

　オストワルト表色系は、1955年にドイツ工業規格となった「DIN表色系」の基になった。

2-2-3　ナチュラルカラーシステム（NCS）

　ナチュラルカラーシステム（Natural Color System: NCS）とは、1905年にヘリングが色の自然な体系を基に示したものが、スウェーデンにおいて体系化された表色系であり、1979年にスウェーデン工業規格（Swedish Institute of Standards: SIS）として採用された。その後、NCSの原理および表記自体は変更されていないが、1995年に大幅な改定がなされ、NCS Edition2として第2版が発表された。従来のものと区別するために、表記にはS（Edition2の略：second）をつけて表す。

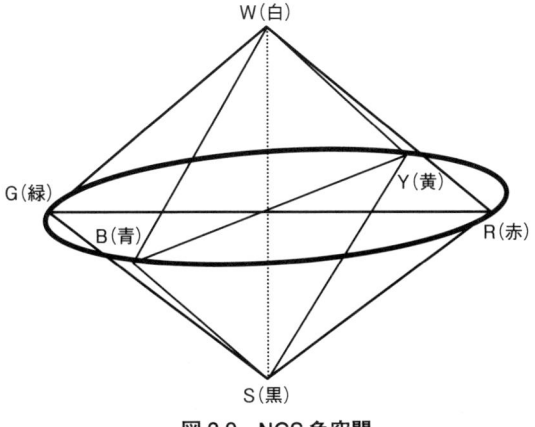

図 2-9　NCS 色空間

　すべての色は、3 組の反対色である、黄（Y）−青（B）、赤（R）−緑（G）、白（W）−黒（S）の両極軸で構成される色空間内のいずれかに位置するとヘリングは考え、各軸の先端に位置する 6 つの理想的な原色を心理原色としたが、NCS はこれら 6 つの心理原色に対する類似度を尺度化して色空間を構築したものである。図 2-9 に NCS 色空間を示す。NCS 色空間は、赤道に有彩色基本 4 色を配し、W、S を頂点とする二重円錐形となり、赤道上にある任意の点（C）と、W、S によって色三角形ができる。

　色相（φ：フィー）は、基本色相である 4 つの原色を円周上に Y、R、G、B の順に 4 分割し、さらに各隣の 2 色間を 10 分割してパーセントで表す。図 2-10 に示す様に NCS 色相環は、40 色相である。

　NCS 色三角形は、図 2-11 に示すように、正三角形内の任意の点から各辺までの距離の和は一定であるため、高さを 100 とすれば、W、S、C の 3 点を頂点とする正三角形によって、W、S、C の割合を示すことができる。

　NCS 表色系では、表面色を、S・S（黒み：黒色量）・C（色み：純色量）・φ（色相）の順に表す。

第 2 章　色はどのように表すか　25

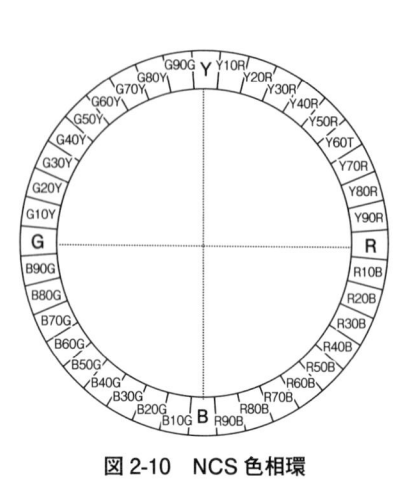

図 2-10　NCS 色相環

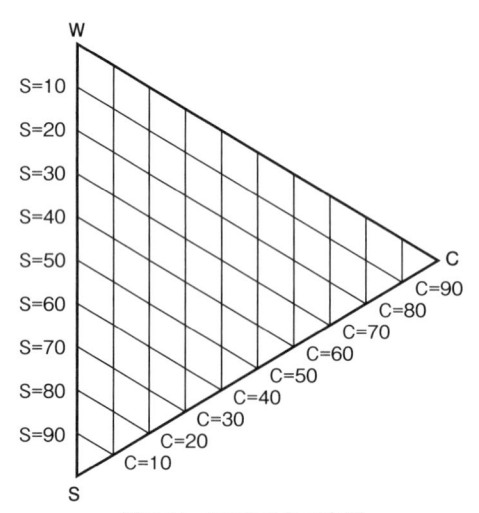

図 2-11　NCS の色三角形

有彩色　SS（黒色量）C（純色量）-φ（色相）

【表記例】：有彩色の「S 2030-Y10R」は、黒みが20%、色みが30%で構成され、色相はYとRの間の色で、赤みが10%、黄みが90%の構成を示す。

無彩色　SS（黒色量）C（純色量）- N

【表記例】：無彩色の「S 4000-N」は、黒みが40%、白みが60%の構成を示す。

色票は、1996年には色票集が改訂されて「atlas96」となり、さらに2004年には新たにSS19102:2004（「NCS Color atlas」）に置き換えられた。[8]

NCSは、スウェーデン以外では、ノルウェー、スペイン、南アフリカ共和国の国家規格として採用されている。

2-2-4　PCCS（日本色研配色体系）

PCCS（Practical Color Co-ordinate System：日本色研配色体系）とは、1964年、財団法人日本色彩研究所（当時）によって発表された、色彩調和を主な目的としたカラーシステムである。[9]

PCCSの色の表示方法は、色を色相、明度、彩度の三属性で表す方法のほかに、色相とトーン（トーン：明度と彩度をあわせもつ概念）で表示するところに特徴がある。表2-2にPCCS色相、図2-12にPCCS色相環を示す。

色相（hue）は、心理四原色である、赤（2: R）・黄（8: Y）・緑（12: G）・青（18: B）を色領域の中心とする。円周上に上記4色をおき、それらの各心理補色を対向位置にとって8色とし、それら8色に、色相感覚が等歩度になるように4色を加えて12色相にする。さらにこれら12色相を2分割して24色相とする。この24色相には、

表 2-2　PCCS 色相

色相番号	色相名	色相番号	色相名	色相番号	色相名
1 : pR	purplish red	9 : gY	greenish yellow	17 : B	blue
2 : R	red	10 : YG	yellow green	18 : B	blue
3 : yR	yellowish red	11 : yG	yellowish green	19 : pB	purplish blue
4 : rO	reddish orange	12 : G	green	20 : V	violet
5 : O	orange	13 : bG	bluish green	21 : bP	bluish purple
6 : yO	yellowish orange	14 : BG	blue green	22 : P	purple
7 : rY	reddish yellow	15 : BG	blue green	23 : rP	reddish purple
8 : Y	yellow	16 : gB	greenish blue	24 : RP	red purple

色光の三原色、色料の三原色が含まれる。

　色相番号は、赤の色相から順に、1: pR, 2: R, 3: yR…23: rP, 24: RP と示し、色相記号は、色みの形容詞を小文字で示し、次に色相名の英頭文字をつける。

　明度（lightness）は白と黒の間を等歩度になるように分割する。明度記号はマンセル表色系と同じで、白 9.5 から黒 1.5 までをとる。

　彩度（saturation）は無彩色 0 と純色 9 の間を等歩度になるように分割する。純色はすべて 9s とする。

　トーンは、明度の高・中・低と彩度の高・中・低を合わせて 12 種の名称をつけて、「図 2-13　トーンの概念図」（図中では、省略した英文字で表す）のように表す。

　　　低彩度で高明度のものから低明度の順に：ペール（pale: うすい）、
　　　ライトグレイッシュ（ltg: あかるいはいみの）、グレイッシュ（g:
　　　はいみの）、ダークグレイッシュ（dkg: くらいはいみの）。
　　　中彩度で高明度のものから低明度の順に：ライト（lt: あさい）、ソ
　　　フト（sf: やわらかい）、ダル（d: にぶい）、ダーク（dk: くらい）。

図2-12　PCCS色相環

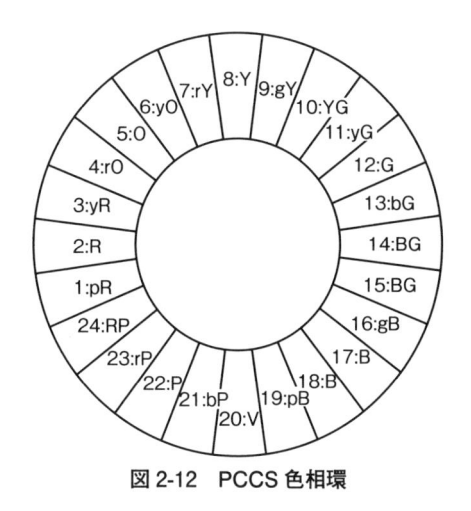

図2-13　トーンの概念図

第2章　色はどのように表すか

高彩度で高明度のものから低明度の順に：ブライト（b: あかるい）、ストロング（s: つよい）、ディープ（dp: こい）、そして、純色はビビッド（v: さえた）。

トーンを用いた表記は、トーン略記号・色相番号の順に表す。

【例】：有彩色の場合、色相番号2(赤: R)でダルトーンの場合は、"d2"と示す。
無彩色の場合、白はW、黒はBk、その他の灰色はGyと明度を示す数字をつけて、"Gy-5.5"のように示す。

PCCSは、日本における教育現場でよく使用されている。

2-2-5　XYZ表色系

XYZ表色系は、CIEが1931年に採択した原刺激［X］、［Y］、［Z］とCIE等色関数（人間の標準的な色覚を数値化した関数）を用いて、任意の分光分布の三刺激値X、Y、Zを決定する混色系の表色体系である。

CIEは1931年、色の表示を標準化するために、R、G、Bという原色を、R;700nm、G;546.1nm、B;435.8nmの単波長光と定め、これらの原色を用いた等色実験を重ね、RGB系の等色関数を定義した。しかしこのRGB系の等色関数では、440nm～545nm（青紫～黄緑系）の色に負の値が生じた。つまりR、G、Bの混色量では、すべての色域の単色光を正確に再現できないことがわかった。そこで、負の値が出ないように代数変換した架空の原刺激値をX、Y、ZとしたXYZ表色系を採択した。[10]

色を数値化した三刺激値は虚色の混色量であり、XYZの値を見

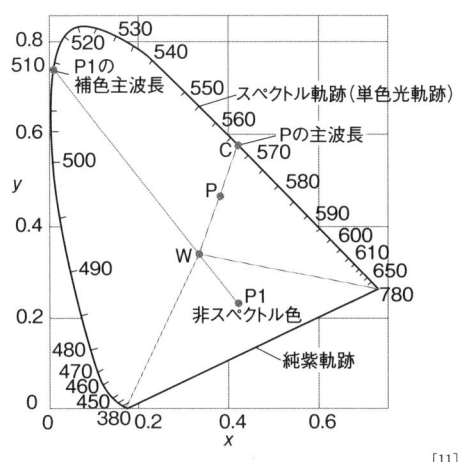

図 2-14　XYZ 表色系の xy 色度図（清野編, 2009）[11]

てもすぐ色の判断はできない。そのため、実際には次の式によって、三刺激値 X、Y、Z の比率（三原刺激の混色比）である色度座標 x、y、z を求める。

$$x=X/(X+Y+Z),\ y=Y/(X+Y+Z),\ z=Z/(X+Y+Z),\ z=1-x-y$$

x と y が分かれば z の表示は要らず、色度座標（色度図）上では x と y だけを表示し、これを xy 色度図（または CIE 色度図）という（図2-14）。xy 色度図は、x を横軸、y を縦軸にとった馬蹄形（または釣鐘状）であり、主波長（色相に相当）と刺激純度（彩度に相当）を表す。

色を表示するには、一般に色度座標 x、y および三刺激値の Y を組合せた Yxy（Y で明度、xy で色相・彩度）を用いる。

すべての色はこの馬蹄形の内部に位置し、馬蹄形の曲線部分はスペクトル軌跡、直線部分は純紫軌跡（スペクトルには表れない紫と赤紫周辺）を表す。

無彩色は色度図上の中心付近にあり、外側（周辺部分）に向かう

第 2 章　色はどのように表すか

にしたがって低彩度から高彩度に移行し、一番外側はスペクトルの波長を表す。

たとえば、図 2-14 のある色の色度点を p とすると、w（白色点）と p を結んだ延長上で、スペクトル軌跡と交差する点 c が p の主波長（色相に対応）である。刺激純度は、$(p-w) \div (c-w) \times 100$ で表される。刺激純度の値は、1 に近いほど刺激純度が高く（高彩度）、0 に近いほど刺激純度が低い（低彩度）。

また、純紫軌跡には目盛がないため、非スペクトル色範囲内に色度点 p1 が現れた場合は、p1 と w を結んだ延長上のスペクトル軌跡と交差する点を p1 の補色主波長という。

XYZ 表色系は、物体の表面色、透過色、光源色などすべての色を精密に表す場合の国際標準として、世界中の色に関する産業界で広く使用されている。

【参考文献】

［1］JIS Z 8102 : 2001　物体色の色名
［2］日本色彩研究所監修（2002）『改訂版　慣用色名チャート』日本色研事業株式会社
［3］福田邦夫（2011）『すぐわかる日本の伝統色　改訂版』東京美術
［4］JIS Z 8721 : 1993　色の表示方法－三属性による表示
［5］〈JIS Z 8721 準拠〉監修日本規格協会 JIS 色票委員会（2014）『JIS 標準色票　光沢版　第 9 版』日本規格協会（収録チップ総数は 2141 色）
［6］福田邦夫（1996）『色彩調和論』朝倉書店, p.39.
［7］佐藤雅子（2011）「オストワルト表色系」日本色彩学会編『新編色彩科学ハンドブック［第 3 版］』東京大学出版会, pp.217-218.
［8］坂田勝亮（2011）「NCS」日本色彩学会編『新編色彩科学ハンドブッ

ク[第 3 版]』東京大学出版会, p.243.
[9] 大井義雄・川崎秀昭(2008)『色彩:カラーコーディネーター入門 改訂増補版』日本色研事業株式会社, p.16.
[10] JIS Z 8701 : 1999 色の表示方法 − XYZ 表色系および $X_{10}Y_{10}Z_{10}$ 表色系
[11] 清野恒介編(2009)『色彩用語事典』新紀元社, p.356.

第3章 色の見え方はどう変わるか

　色の見え方には、光刺激の大きさや時間、色相互の関係などによりさまざまな事象があるが、以下にそのいくつかをみていく。混色についてもこの章で扱うことにして、最初に説明する。

3-1 混　色

　混色とは、複数の色刺激を混ぜ合わせて別の色刺激をつくることであり、混ぜ合わせる前の色刺激を原色という。色の混色には、加法混色、減法混色、中間混色という種類があり、各例を順にあげると、舞台照明のような混色、絵具や塗料のような混色、色コマによる回転混色や点描画法により表される混色、となる。

　色光の三原色は、赤（R）・緑（G）・青（B）と一般には呼ばれているが、より正確な色相を表すと、赤は「黄みの赤」、緑はほぼ同じ、青は「紫みの青」となる（図3-1）。これらの2色または3色を混色することによって生じる色は、明るさが加算されて明るい色となるので、このような混色を加法混色（additive mixture of color stimuli）という。

　色光の三原色の混色によって生じる色は、R＋G＝Y(イエロー：黄)、G＋B＝C（シアン：緑みの青）、B＋R＝M（マゼンタ：赤紫）であり、三原色すべてを混色し、各原色の強度を調整すると白になる。

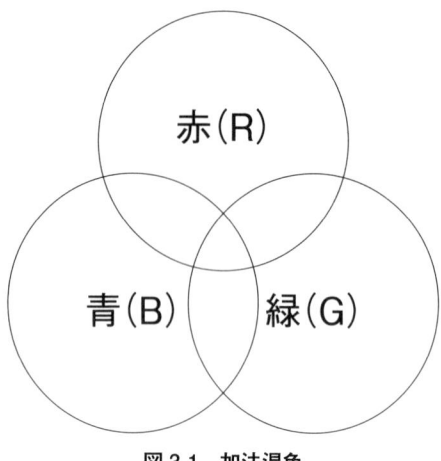

図 3-1　加法混色

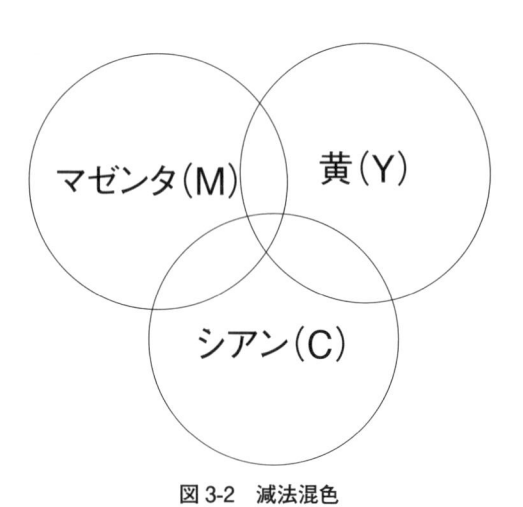

図 3-2　減法混色

一方色料の三原色は、2色を混色して生じる色は元の色より暗くなり、三色を重ねるとほぼ黒になり、減法混色（subtractive color mixture）といわれる。減法混色は、複数の吸収媒質の重ね合わせによって、そのそれぞれが単独にある場合とは異なる色を生じさせる。減法混色の三原色は、シアン（緑みの青）、マゼンタ（赤紫）、黄をいう（図3-2）。減法混色の三原色の2色の組合せによって生じる混色は、Y＋C＝G、Y＋M＝R、M＋C＝Bであり、三原色すべてを混色し、各原色の強度を調整すると黒になる。

　中間混色は、異なった色を時間的に交互に高速で見る場合（継時加法混色：たとえば回転円板による混色）や、ごく小さな色刺激を集合体として見る場合（並置加法混色：たとえばカラーテレビや、印象派の点描画法の画家たちの絵）に生じる混色をいう。中間混色により生じる色は元の色の平均に近い明るさとなる。点描画法で描かれた、ジョルジュ・スーラの『グランド・ジャット島の日曜日の午後』、『サーカスの客寄せ』、ポール・シニャックの『サン＝トロペの港』、『赤い浮標』を鑑賞してみよう。

3-2　主観色

　光の点滅による色の反応には0.05～0.2秒のずれがあり、この時間的ずれを感覚化時間という。映画、テレビは、消えた刺激を目が0.1秒くらい見ている性質を応用したものである。

　主観色（subjective color）とは、客観的には色みがない図形（白黒で描かれた図形）に、色覚を感じる現象である。最も有名なものは、考案者の名をとったベンハムのコマ（Benham's top）と呼ばれるものである。

　この現象の最初の報告はイギリスの学術雑誌『ネイチャー』

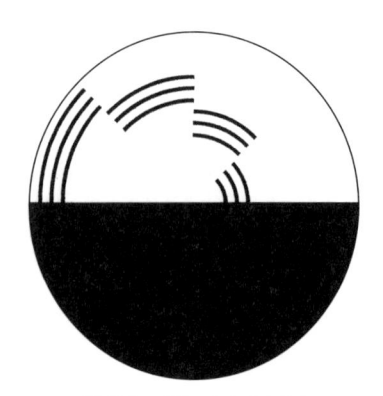

図 3-3 ベンハムのコマ

(1894.11.24)にみられ、スペクトル・コマと題する短い記事で、「ベンハム氏がデザインしたコマがニュートン社から発売されていてこれを回すと色が出る。色彩学的にもおもしろい」というものであったという。[1]

ベンハムのコマは、図 3-3 に示すように、白紙円板の半分を黒く塗りつぶし、残りの白半円上を放射状に 4 等分し、さらに各部分を外側から内側へかけて 4 等分した部分に、ずらしながら各 3 本の円弧の黒い線を描く。このような円板を回転すると、それぞれ 3 本の円弧に色がついて見える。照明の種類や、回転速度、回転を右回りにするか左回りにするか、また、人によって見える色は違う。回転方向を逆回転にすると、外側から内側にかけて見える色の順序も逆になる。主観色は、コマの回転速度が速すぎるとあらわれず、5〜10cycle/s で回転するときに最も鮮明な色があらわれ、コマの回転がもっと遅くなるとちらつきがあらわれる。主観色は、「ベンハムのコマ」に限らず、さまざまなパターンがある。[2]

生起原因については、刺激と感覚との間の時間的空間的なずれによって生じるとする説等がある。ベンハムのコマを各自、作成してどのような色があらわれるか試してみるとおもしろい。

3-3　色の残像

　色の残像（afterimage）とは、光刺激を除いた後、一時的に残る視感覚である。一般に残像は、元の刺激の強さ、観察時間、大きさによって、見える残像は異なる。残像は、元の刺激と色相や明るさが同じものを正の残像または陽性残像と呼び、元の刺激と色相や明るさが反対となるものを負の残像または陰性残像と呼ぶ。普通経験されるのは陰性残像であり、元の刺激が明るいと暗い残像があらわれ、色相に関しては補色色相の残像があらわれる。

　口絵2に、補色残像を試してみる図を示した。30秒くらいこの図の中央の黒点を見つめた後、すぐに図の右側の白紙中央の黒点を凝視してみよう。どのように見えるであろうか。

3-4　暗順応・明順応

　眼の順応（adaptation）とは、輝度または色刺激に応じて、目の感受性が変化する過程または変化した状態をいう。

　暗順応（dark adaptation）は、明るい所から暗い所に入る場合、たとえば日中、映画館に入る場合におこる。最初は何も見えないが、徐々に目の感度が暗さに慣れていき30分くらいすると周囲の様子が見えるようになる。このように、暗い所で主に杆体が働く場合の目の順応を暗順応という。

　明順応（light adaptation）は、暗い所から明るい所に移動する場合におこる。このとき、最初は目がまぶしいが、じきに明るさに慣れて目は数分ほどで元の感度にもどる。このように、明るい所で主

に錐体が働く場合の目の順応を明順応という。

3-5　色の同化効果

　同化効果（assimilation effect）とは、1つの色が他の色に囲まれているとき、囲まれた色と囲んでいる色との差が少なく見える現象であり、囲まれた色の面積が小さい場合や、囲まれた色が囲んでいる色と類似している場合などにおこる。
　同化には、色相の同化、明度の同化、彩度の同化がある。
　色相の同化の例をあげると、背景色"あざやかな青紫"上にある"あざやかな青"と"あざやかな紫"の細線では、"あざやかな紫"の細線を置いた背景の方が紫みを帯びて見える。
　明度の同化の例をあげると、背景色"灰色"上にある"白"と"黒"の細線では、"白"の細線を置いた背景の方が明度は高く見える。
　彩度の同化の例をあげると、背景色"くすんだ赤紫"上にある"灰色"と"あざやかな赤紫"の細線では、"灰色"の細線を置いた背景の方が彩度は低く見える。
　口絵3に同化効果の例を示した。果物の4個のオレンジを、ネットなしのもの、三色のネット（白・赤・青色）で覆ったものの写真である。オレンジは、それぞれどのように見えるであろうか。オレンジは、どの色のネットで覆ったものがより美味しそうに見えるであろうか。
　また、野菜のオクラもネットに入って店頭に出ているが、オクラは何色のネットに入っているであろうか。それは、上に示した同化のどれに当てはまるであろうか。

3-6　色対比

　色対比（color contrast）とは、2つの色が相互に影響して、その相違が強調されて見える現象のことで、色相対比、明度対比、彩度対比、縁辺対比などがある。また、色対比には、近接して置かれた2つの色を同時に見た場合に生じる同時対比（simultaneous contrast）と、時間的に近接して2つの色を順次見た場合に生じる継時対比（successive contrast）とがある。同時対比、継時対比の色の見え方は、ほぼ同様である。

　背景色（地色）と図色の場合の同時対比には、次のようなものがある。

　明度対比とは、背景色（地色）が図色より低明度の場合は図色が明るく見え、地色の方が高明度の場合は、図色が暗く見える現象である。明度対比は、無彩色の場合の方が有彩色の場合よりも見分けやすい。例をあげると、背景色が白と黒においた図の灰色は、背景色黒に置いた場合の方がより明るく見える。

　色相対比とは、図色の色相が、背景色の色相の心理補色の方向に近づいて見える現象である。例をあげると、背景色があざやかな黄とあざやかな赤においた図色のあざやかな黄赤は、あざやかな黄においた場合の方が赤に近づいて見える。

　彩度対比とは、背景色（地色）が図色より低彩度の場合は、図色の彩度が高く見え、地色の方が図色より高彩度の場合は、図色の彩度は低く見える現象である。例をあげると、背景色が灰色とあざやかな赤紫においた図色のくすんだ赤紫は、灰色においた場合の方が彩度は高く見える。

　縁辺対比とは、無彩色の明度差のある灰色を明度差の順に接して

並べると、それぞれの灰色の境界の部分は、明るい灰色と接する側は暗く、暗い灰色と接する側は明るく見える対比である。

これらの対比の、身近にある例を探してみよう。

3-7　視認性

視認性（visibility）とは、物体の存在または形状の見えやすさの程度のことをいう。[3]道路標識、安全標識は、交通をスムーズにして事故を回避するため、また安全を保つために重要であり、視認性を考えた色や形、デザインが日本工業規格の安全色として各種定められている。また、公共以外のものでは、店舗の広告看板やポスターのデザインにおいて、視認性を考えたものにすると効果的である。

視認性の良否には、色、形、大きさ、デザイン、素材、照明、環境、視認距離などが影響を与えるが、ここでは主に色だけを取り上げる。視認性の良否は、第一に背景色と図色との明度差によって決まる。また、特に何かを見ようという目的をもっていない人の目を引きやすい性質を誘目性といい[4]、色の誘目性とは色が人の注意を引きつける度合いをいう。一般に、赤・橙などの暖色系でかつ高彩度色は誘目性が高い。安全標識のように注意を引くための色は、視認性、誘目性を考えて選ばれている。

視認性に関するひとつの実験結果として、図3-4に表面色の視認距離を示す。[5]これは、黒と白を背景にした11色の有彩色（純色）について、視認距離を測った実験の結果である。[6]ここでは3段階の明るさにおける視認距離を測定している。すなわち、60 lx（ルクス）は平均的な居間・食堂・廊下階段の明るさ、9 lxは夜間の門・玄関外の明るさ、0.6 lxは深夜の寝室・トイレ・廊下の明るさにほぼ相当する。

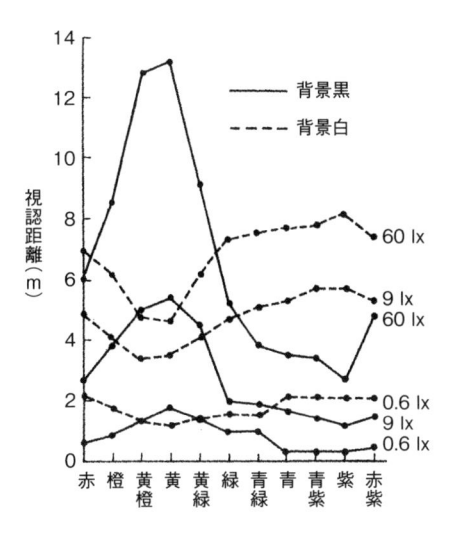

図 3-4　表面色の視認性

　この図 3-4 より、60 lx で黒の背景に各純色が図としてある場合は、黄色が最も視認性が高く、紫や青は視認性が低い。照度を下げると視認距離は短縮するが、色の見えやすさの順序に変わりはない。

　一方、60 lx で白の背景に各純色が図としてある場合は、黒が背景の場合に最も見やすかった黄色は最も視認性が低くなり、最も見難かった紫や青は視認性が高くなった。照度を下げると視認距離は短縮するが、この場合も見やすさの順序に変わりはない。

　また、可読性（legibility）とは、文字、記号または図形の読みやすさの程度のことであり、視認性と深くかかわる。

3-8　色の面積効果

　面積の大小によって色の見え方は変化する。面積が大きい色は、面積が小さい色よりも明るい色はより明るく、あざやかな色はより

あざやかに見え、逆に暗い色はより暗く、くすんだ色はよりくすんで見える。

よって色を指定する場合、小さな色見本だけで色を決めるのは避けた方がよい。たとえば住宅の外壁の色、室内の壁面の色、カーテンの色など広い面積を占める色を選ぶ場合、小面積の色見本だけで色を選ぶと、実際の実物とイメージが大きく異なり、失敗する場合があるので、可能な限り実物大の色見本を見て選ぶことをお薦めする。

3-9　色と距離感

色によって見かけの距離が変化して見える。一般に赤や黄などの長波長側の色は近くに見え、青や青紫などの短波長側の色は遠くに見える。前者を進出色、後者を後退色という。

この色の進出と後退の効果を室内の配色に利用すると、同じ大きさの部屋でも寒色系の高明度・低彩度の色を天井や壁の色にすると後退して天井は高く部屋は広く見え、反対に暖色系の高明度色を天井や壁の色にすると進出して天井は低く部屋は狭く見えることがあることを覚えておこう。

3-10　色と大きさ感

形や大きさが同じであっても、色によって大きさが違って見える。一般に暖色系の色の方が膨張して見え、また明度が高い方が膨張して見える。

碁石の直径は、白石が21.9mm、黒石が22.2mmである。黒石は

収縮色であるため、見かけの大きさが同じになるように、黒石の方が大きくつくられている。

洋服の色選びの場合、同じ形大きさの服であっても、暖色系の色や明度が高い色は膨張して見えるので、スリム体型の人でふくよかに見せたい場合はこのような色を選び、逆の体型の人が実際より細く見せたい場合は寒色系や明度が低い色を選ぶと効果的であるといえよう。

【参考文献】

[1] 金子隆芳（1990）『色彩の心理学』岩波新書, p.65.

[2] 金子隆芳（1995）『色の科学：その心理と生理と物理』朝倉書店, p.139.

[3] JIS Z 8105 : 2000　色に関する用語

[4] 佐藤仁人（2011）「建築における色彩設計」日本色彩学会編『新編色彩科学ハンドブック［第3版］』東京大学出版会, p.1515.

[5] 中嶋芳雄・高松衛（2011）「表面色の可視度」日本色彩学会編『新編色彩科学ハンドブック［第3版］』東京大学出版会, p.1573.

[6] 大島正光（1953）「色の見え易さ」上田武人編『色彩調節』技報堂

第4章　色彩からどのような感情をもつか

本章では、私たちは色彩からどのような感情を受け取るか、すなわち色彩の感情効果についてさまざまな角度からみていく。まず、色の名前から連想される語、象徴語からの連想色、ことばからの連想色（色彩好悪も含む）、そして単色の感情効果、2色配色の感情効果について、各々の調査結果からみていこう。

4-1　色名から連想される語 ── 具象語・抽象語

色の名前から私たちはどのようなものを連想するだろうか。それを調査結果からみていく。色のカードを実際に見ないで、12色（白、灰色、黒、赤、橙、茶色、黄、黄緑、緑、青、紫、ピンク）の各色名から連想するものを、具象物と抽象物に分けて、各1つ実際に紙に書き出してみてほしい。

すぐに多くの言葉が連想される色がある一方で、なかなか思い浮かばない色もあるだろう。また具象物と抽象物では、どちらの連想が容易であっただろうか。

色名から連想される具象語と抽象語についての文献は多いが（たとえば塚田、1978）[1]、著者も1980年以降調査を行ってきた。ここには2004年、2005年の調査結果を表4-1に示す[2]。この調査は、12個の各色名から連想する具象語と抽象語を女子短大生265名に各1つ

表 4-1　色名から連想される具象語と抽象語　(伊藤, 2008より)[2]

	具　象　語	抽　象　語
白	雲(42), 雪(22), ウェディングドレス(2), 牛乳(2), 紙(2), 消しゴム(2)	清潔(19), 純粋(17), 純潔(5), 清楚(3), 無(3)天使(3), 爽やか(3), 清純(2), 無垢(2), 寒い(2)純白(2), きれい(2), 天国(2)清らか(2)
灰色	鼠(36), コンクリート(14), 灰(8), 煙(7), 道路(6), 象(5), 雨雲(3), 雲(3), 石(2), アスファルト(2)	不安(15), 暗い(6), 悩み(4), 迷い(4), どんより(4), もやもや(4), 孤独(3), 汚い(3), 寂しい(3), 悲しい(2), 曖昧(2), 曇り(2)
黒	髪(26), 墨(10), 烏(10), 夜(7), 夜空(6), 闇(6), 猫(5), ゴマ(4), 影(3), 蟻(2), 喪服(2), 瞳(2)	闇(13), 暗い(12), 恐怖(11), 絶望(4), 夜(4), 孤独(3), 静寂(3), 悪(3), 悪魔(2), 暗闇(2), 重い(2), かっこいい(2)
赤	りんご(28), 血(15), トマト(11), 火(9), 太陽(8), 苺(5), 炎(4), バラ(3), 信号(2), 口紅(2), ハート(2), ポスト(2)	情熱(38), 愛(15), 愛情(9), 熱い(5), 怒り(4), 暑い(3), 元気(3), 興奮(2)
橙	みかん(32), オレンジ(22), 太陽(18), 夕日(12), 夕焼け(5), 柿(2)	暖かい(22), 元気(17), 明るい(7), 友情(4), 青春(2), 希望(2), 夏(2), 平凡(2), 陽気(2)
茶色	土(46), 木(9), チョコレート(8), 木の幹(4), 犬(3), 机(3), 枯れ葉(3), 便(2), 大地(2), 髪の毛(2)	汚い(10), 落ち着き(9), 秋(8), 地味(4), 自然(3), 故郷(2), 暖かい(2), 不安(2), 安心(2), 悪臭(2), 埃っぽい(2), 安定(2), 寂しい(2)
黄	レモン(31), バナナ(12), 向日葵(11), 星(6), 太陽(5), 光(4), 信号(4), ひよこ(3), 花(3), 月(3), タンポポ(3), 卵の黄身(2), 蝶々(2)	明るい(17), 元気(11), 光(6), 幸福(4), 輝き(3), 眩しい(3), 未来(3), 優しい(2), 夢(2), 希望(2), 危険(2), 活発(2), 友情(2), 喜び(2), 注意(2)
黄緑	葉(24), 草(13), 若葉(10), 芝生(7), メロン(4), 新芽(4), レタス(3), 蛙(3), 草原(3), キャベツ(2), 新緑(2), お茶(2), 青りんご(2), 虫(2), 若草(2), 芽(2)	爽やか(10), 若さ(8), 自然(8), 新鮮(5), 癒し(4), 明るい(4), 希望(4), 安らぎ(4), 春(3), 平和(3), 元気(2), 優しい(2), 安心(2), 幼い(2), 穏やか(2), 落ち着く(2), 涼しげ(2), 若々しい(2), 生命(2)

	具 象 語	抽 象 語
緑	森林(29), 森(28), 木(14), 山(4), 草(3), 植物(3), ピーマン(2), ほうれん草(2), 蛙(2), 野菜(2), 黒板(2), お茶(2)	自然(16), 癒し(10), 落ち着く(7), 安らぎ(7), 爽やか(4), 安心(4), 平和(3), 広大(2), 優しさ(2), 新鮮(2), 夏(2), 希望(2), 成長(2), 和む(2), 健康(2)
青	海(52), 空(40)	爽やか(19), 冷静(6), 冷たい(6), 悲しみ(5), 涼しい(5), 青春(3), 寒い(3), 広大(3), 夏(2), 夢(2), 静か(2), 大きい(2), 空気(2), 希望(2), 永遠(2)
紫	葡萄(35), 茄子(12), 紫陽花(12), 朝顔(3), さつまいも(3), 紫いも(3), スミレ(3), 菖蒲(3), ラベンダー(2), 花(2), 着物(2), 桔梗(2), パンジー(2)	欲求(5), 高貴(5), 大人っぽい(5), 嫉妬(4), 不安(4), セクシー(3), 神秘的(2), 誘惑(2), 不満(2), 謎(2), 悲しい(2), 不思議(2), 怖い(2), 孤独(2), 欲望(2), 妖しい(2), 欲求不満(2), 悩み(2)
ピンク	桃(39), 桜(17), 花(13), ハート(6), 兎(3), コスモス(2), チューリップ(2), 豚(2)	可愛らしい(23), 幸せ(11), 恋(9), 愛(7), 恋愛(7), 愛情(5), 優しい(5), 柔らかい(3), 女の子(3), 心(3), 春(3), 夢(2), 明るい(2)

注：表中の語は、被調査者265名のうち2％（回答数4名）以上が連想した語で、（ ）内の数値はその％を表す。

記入させたもので、次のような結果が得られた。

　色名から連想された具象語について、回答者の20％以上になった語を示すと、白：雲、雪、灰色：鼠、黒：髪、赤：りんご、橙：みかん、オレンジ、茶色：土、黄：レモン、黄緑：葉、緑：森林、森、青：海、空、紫：葡萄、ピンク：桃、となり、全色名について1～2語があがり、色名から連想される具象語はある程度集中する傾向が見られた。身近に存在する自然や動物・植物に関する語が多く、人工物の割合は少ない。また、"青"の具象語は"海"と"空"で92％を占め、回答が集中する顕著な結果であった。

　同様に抽象語について、回答者の20％以上になった語を示すと、赤：情熱、橙：暖かい、ピンク：可愛らしい、以上の3色3語のみであった。各色について多数の抽象語があがったが、黄緑と紫のから連想される語は特に数が多かった。紫から連想される抽象語は多様で対照的な語が含まれているが、人によってどのような色の紫をイメージするかが違うからではなかろうか。

　また、ひとつ注目されるのは、1990年代までの調査結果にはなかった"癒し"という連想語が"緑"と"黄緑"に登場したことである。近年は癒し、癒し系という言葉がよく使われるが、調べてみると癒し系という言葉は1999年以前にはなく、1999年後半からあらわれた言葉で、俗に人々を癒す効果や雰囲気をもつものの総称で、音楽・タレント・ペット・キャラクターなど、さまざまな対象について使われるという。色名から連想される抽象語に、流行語が登場した例である。

　さらに、有彩色の純色7色（赤、橙、黄、緑、青、青紫、紫）と、無彩色の3色（白、中明度の灰色、黒）の計10色の色票を提示して、連想する語を具象語と抽象語を区別せず自由に各1つ記載させる調査を行った。

　その結果、各色の1位の語と割合％を（　）内に示すと、白：雲

(32)、灰色：鼠（38）、黒：髪（16）、赤：りんご（20）、橙：みかん（40）、黄：レモン（48）、緑：葉（23）、青：海（15）、青紫：海（54）、紫：葡萄（35）となった。この結果と、色名からの連想語と共通する9色（青紫：色名のみの調査では実施せず、色票提示調査では実施）を比較すると、各色の色票提示調査1位の連想語は、すべて"色名から連想した具象語"と同じであった。各有彩色の代表色といえる純色の色票を提示した場合と、色名だけを示して回答させた場合で同じ結果となったのは、各人がイメージするのは、色票がなくとも各色の純色ということになる。極端な言い方をすれば、少なくともこの9色については、色名から連想する具象語は、色票提示の必要がないとさえいえる。調査対象者が限られているとはいえ、興味深い結果となった。また、色票別に具象語と抽象語の割合を調べたところ、各色における具象語の割合（％）は、白：84、灰色：97、黒：92、赤：86、橙：92、黄：89、緑：97、青：86、青紫：96、紫：86となり、10色の平均値は90（％）であった。色票からの連想語は、有彩色か無彩色かにかかわらずほとんどが具象語であった。

　さらに付け加えると、色名のみによる調査の"青"からの連想具象語の"海"の回答（52％）は、色票提示による"青紫"の連想語の"海"の回答（54％）とほぼ同じであり、色票"青"から連想する"海"よりも割合が高い。青色をイメージするとき、色票の青紫寄りの色を連想していると考えられる。

4-2　象徴語からの連想色

　私たちは、ある語から、どのような色を連想するであろうか。まず、14の象徴語（怒り、嫉妬、罪、永遠、幸福、孤独、平静、郷愁、家庭、愛、純潔、夢、不安、恐怖）から連想する色名を各1つ、自由

に実際に紙に書き出してみよう。

　色名を自由に紙に書き出すのか、それとも提示された多種類の色票から選ぶのかによって、結果に違いが出るであろうか。

　これら14語を選出した理由は、先行研究（大山、1964、女子短大生145名、16種の色票提示）[3]を基に、それと同じ象徴語を用いた色票の提示なしの調査結果（伊藤、2008）[2]と、色票の提示ありの最新調査（2013）で同じ象徴語を用いることにより、色票提示の有無、さらに経年変化を探ろうとしたからである。ここでは、2004年、2005年調査結果[2]（女子短大生265名、色票提示なし、色名を自由記載）を"前回"と略し、2013年調査（女子大生223名、男子大学生42名、色票126色提示）を"今回"と称し、結果を比較する。

　表4-2に、象徴語からの連想色（2013年実施）を示す。各象徴語について、上位5色まで（同位がある場合は5色以上）とその割合（％）、126色中から選出された色総数［　］、さらに男女間の相関係数を示す。以下に前回（色名1つを自由記載）と今回（126色票より1色選出）の結果を、上位の色を比較して傾向をみていこう。

　1．怒り：前回1位は赤（79％）、今回1位も赤（83％）とほぼ同じであったが、今回は、あざやかな、こい、暗い、くすんだ各トーンの赤という詳細な結果が得られた。この語は、14象徴語中最も選択総色数が少なく、連想色のばらつきが少ない語であり、男女間の相関係数は最も高く、男女差もほぼないといえる。

　2．嫉妬：前回は紫（47％）、赤（17％）、赤紫（11％）の順であり、今回の女子は、こい赤紫（11％）、あざやかな紫（10％）の順、男子は、こい青、暗い赤紫（ともに10％）の順となりさまざまな色があがった。

　3．罪：前回は黒（63％）が圧倒的に多かったが、今回の女子は黒（22％）、男子は暗い青紫と黒（各12％）となり、多数の色があ

がった。

4. 永遠：前回は白（27％）、水色（26％）の順であり、今回の女子は白（19％）、ごくうすい青（11％）となり、男子は、白（33％）、ごくうすい青、うすい青紫、黒（各8％）となり、男女間の相関係数も高い。

5. 幸福：前回は黄（39％）、ピンク（36％）であった。今回の女子は、うすい黄（16％）、うすい赤（11％）、男子はあざやかな黄（17％）、うすい赤（12％）の順である。さらに詳細にみていくと、女子は上位5位以内に、うすい赤、うすい赤紫、ごくうすい赤紫と、トーンと色相を異にする"ピンク"があがり、"ピンク"が1位といえそうであり、女子は男子よりもうすい黄の回答が多い。男子ではあざやかな、うすい、明るいという各トーンの黄（合計37％）があがった。男子は黄、女子はピンクの回答が多いという男女の差があらわれているといえ、浜本・伊藤[4]にも同様の記述が見られる。

6. 孤独：前回は灰色（31％）、黒（19％）の順であったが、今回の女子は黒（7％）、暗い灰色、ごく暗い青（ともに6％）となり、男子は、灰みの青紫、ごく暗い青紫（ともに7％）となり、黒は登場しない。男女間の相関係数は最低でややマイナスであり、最も男女間で差がある象徴語といえる。他の象徴語にもいえることであるが、多数の色票を提示すると、多数の回答が得られるので、1色の回答率の割合は極端に低くなる。

7. 平静：前回は青（41％）、水色（23％）の順であった。今回の女子は、ごくうすい青（7％）、うすい青紫（6％）、男子は、ごくうすい青（18％）、明るい青、明るい青紫（ともに8％）と続き、色相は青、青紫のさまざまなトーンがあらわれた。

8. 郷愁：前回は橙（31％）、茶色（26％）の順であり、今回の女子は、くすんだ黄赤（8％）、こい黄赤（5％）、男子はやわらかい黄赤（12％）、暗い黄赤（7％）となり、さまざまなトーンの黄赤があ

表 4-2 象徴語からの連想色

	象徴語	男子学生	女子学生	相関係数
1	怒り	vv-赤(44), dp-赤(20), dk-赤(12), dl-赤(7), dp-赤紫(5), vd-紫(5) [9]	vv-赤(53), dp-赤(19), dk-赤(7), dl-赤(4), 黒(2) [26]	0.994
2	嫉妬	dp-青(10), dk-赤紫(10), vv-赤(8), dl-紫(5), dg-赤(5), dg-紫(5), dg-赤紫(5), dp-赤紫(5), dk-紫(5), vd-黄緑(5) [25]	dp-赤紫(11), vv-紫(10), dk-赤紫(9), dk-紫(6), dp-紫(6) [58]	0.488
3	罪	dk-青紫(12), 黒(12), 暗い灰色(7), vv-赤(5), dg-青(5), dp-赤(5), dp-紫(5), dk-青(5), dk-紫(5), vd-赤紫(5), N5灰色(5) [24]	黒(22), vd-紫(5), 暗い灰色(5), dk-紫(5), dk-赤紫(4), vd-赤紫(4) [51]	0.600
4	永遠	白(33), vp-青(8), pl-青紫(8), 黒(8), lt-青緑(5), dl-黄(5) [20]	白(19), vp-青(11), vp-青紫(8), pl-青(5), pl-青紫(4) [56]	0.895
5	幸福	vv-黄(17), pl-赤(12), pl-黄(10), lt-黄赤(10), lt-黄(10) [16]	pl-黄(16), pl-赤(11), pl-赤紫(10), vp-赤紫(8), vv-黄(7) [29]	0.574
6	孤独	mg-青紫(7), vd-青紫(7), dl-青(5), lg-青(5), mg-紫(5), dg-青(5), dg-青紫(5), dp-黄(5), dk-黄緑(5), dk-緑(5), vd-青緑(5), N6灰色(5), N5灰色(5), 暗い灰色(5) [26]	黒(7), vd-青(6), 暗い灰色(6), dg-青紫(5), うすい灰色(5) [59]	−0.031
7	平静	vp-青(18), lt-青(8), lt-青紫(8), vp-緑(5), pl-青(5), sf-青(5), sf-青紫(5), mg-黄緑(5) [25]	vp-青(7), pl-青紫(6), dp-青(5), lg-青(4), pl-青(4), lt-青(4), sf-青紫(4), dl-青紫(4) [63]	0.523

	象徴語	男子学生	女子学生	相関係数
8	郷愁	sf-黄赤(12), dk-黄赤(7), lt-黄赤(5), sf-赤(5), dl-黄赤(5), dl-黄(5), lg-黄(5), dp-黄赤(5), dp-黄(5) [29]	dl-黄赤(8), dp-黄赤(5), dl-赤(4), dl-黄緑(3), sf-赤(3), dl-黄(3), mg-黄赤(3) [86]	0.211
9	家庭	pl-黄赤(18), lt-黄赤(13), vp-黄(10), sf-黄赤(8), vv-黄赤(5), vv-黄(5), pl-黄(5) [22]	pl-黄赤(13), lt-黄赤(11), pl-赤(9), vv-黄赤(8), vp-黄赤(6) [45]	0.767
10	愛	pl-赤(14), vp-赤紫(12), lt-赤(12), vv-赤(10), pl-赤紫(10) [18]	vv-赤(21), lt-赤(17), pl-赤(12), pl-赤紫(11), lt-赤紫(10) [30]	0.676
11	純潔	白(37), vp-青(12), vp-赤(7), vp-青紫(5), pl-青(5), lt-青(5), sf-青(5) [17]	白(45), vp-青(8), vp-青紫(8), vp-青緑(3), vp-赤紫(3) [37]	0.977
12	夢	vp-紫(10), lt-黄(10), 黒(8), vv-赤(5), vv-黄赤(5), 白(5) [29]	pl-黄(8), vv-黄(6), vp-黄(6), lt-黄(5), 白(5), vv-黄赤(5), pl-紫(5) [56]	0.254
13	不安	dg-紫(7), N6灰色(7), mg-青緑(5), mg-青(5), mg-赤紫(5), dg-青緑(5), dg-赤紫(5), dp-黄緑(5), vd-緑(5), N5灰色(5) [30]	dl-紫(5), dg-青紫(5), mg-青(4), dl-青(4), lg-紫(4), dg-青(4), vd-青紫(4), 暗い灰色(4) [70]	0.245
14	恐怖	vd-青(12), 黒(12), vd-赤(7), vd-紫(7), mg-赤紫(5), dg-青(5), dp-青(5), dp-紫(5), vd-青紫(5) [25]	黒(15), vd-青(6), dk-紫(5), vd-紫(5), dk-赤(5) [47]	0.688

注1：男子学生：42名、女子学生：223名の、上位5色と（ ）内の数値はその％、[ ]内の数値は126色中の各選択色数、そして男女間の相関係数を示す。

注2：表中のトーン記号等の意味：vv: あざやかな、vp: ごくうすい、pl: うすい、lt: 明るい、sf: やわらかい、dl: くすんだ、lg: 明るい灰みの、mg: 灰みの、dg: 暗い灰みの、dp: こい、dk: 暗い、vd: ごく暗い、N5: 明度5の灰色、N6: 明度6の灰色。

がった。

9．家庭：前回は橙（50%）、黄（15%）の順であった。今回は、男女ともうすい黄赤、明るい黄赤、あざやかな黄赤が共通してあがり、さまざまな黄赤が連想色として示された。

10．愛：前回は赤（56%）、ピンク（39%）の順であった。今回の女子は、あざやかな赤、明るい赤、男子はうすい赤、ごくうすい赤紫の順であり、赤やピンクがあがることは前回も今回も共通していた。

11．純潔：前回は白（92%）、水色（5%）と圧倒的に白であった。今回の女子は、白（45%）、ごくうすい青、ごくうすい青紫（各8%）、男子は白（37%）、ごくうすい青（12%）となった。男女の傾向は同じであり、男女間の相関係数も高い。

12．夢：前回は黄（35%）、ピンク（15%）の順であった。今回の女子は、うすい黄（8%）、あざやかな黄、ごくうすい黄（各6%）、男子は、ごくうすい紫、明るい黄（各10%）、そして男子3位の黒（8%）が注目される。個々人の夢はさまざまであり、夢からの連想色も多種類あがるのは当然なのであろうか。

13．不安：前回は灰色（55%）、紫（12%）の順であった。今回の女子は、くすんだ紫と暗い灰みの青紫（ともに5%）、男子は暗い灰みの紫、灰色（ともに7%）であり、男女間の相関係数も低い。不安の内容が種々あり、連想色もさまざまということであろう。

14．恐怖：前回は黒（56%）、紫（12%）であった。今回の女子は、黒（15%）、ごく暗い青（6%）、男子は黒とごく暗い青（ともに12%）であり、低明度の色があがった。

以上14個の象徴語についてみた。126色という多数の色票から1色を選出したことで、各象徴語からの連想色は多数あがったが、色名を自由に記述させた前回までの結果より、詳細に象徴語から連想する色を示すことができた。また、口絵7に象徴語からの連想色と

して、今回調査の大学生男女の各上位 2 色の色票を示す。

　このように、1964 年の先行研究と前回調査、今回調査では、調査方法に違いはあるものの、50 年くらいを経ても経年変化は概して少なかったといえる。また、今回は多数の色票提示により、詳細に色を示すことができ、男女間の調査人数に差はあるものの、男女間で連想色に差がある象徴語（孤独、郷愁、不安、夢など）と、差が少ない象徴語（怒り、純潔、永遠、家庭など）を示すことができた。

　さらに、各象徴語からの連想色について、各象徴語間の相関係数を求めた（無相関係数の検定も実施し、その結果相関は有意であった）。その結果、正の相関は、永遠と純潔（0.906）、罪と恐怖（0.878）、愛と怒り（0.684）の語対でみられ、一方負の相関は、怒りと幸福（－0.446）、幸福と不安（－0.443）、嫉妬と永遠（－0.412）の語対であった。色彩感情は、多様であることが改めて示された。

4-3　ことばからの連想色

　さまざまな言葉から、私たちはどのような色を連想するであろうか。言葉からの連想色は、広告、ポスターはじめ身近な色、そして抽象的なイメージを表現したい場合に用いられよう。

　ここでは、20 個のことば（派手な、地味な、軽い、重い、暖かい、冷たい、緊張した、ゆるんだ、スポーティな、エレガント（優美）な、シンプルな、ゴージャス（豪華）な、きれいな、きたない、元気が出そうな、ゆううつそうな、一番好きな色、一番嫌いな色、自分の色だ、自分から最も遠い色だ）から連想する色を、126 色の色票から選出した最新の調査結果（2013 年）をみる。

　この 20 の語は、色のもつさまざまな感情を表す語を選んだ。後出 4-4 の SD 法で使用する用語も 10 個含まれる。数年前の東日本

表 4-3 ことばからの連想色

	ことば	男子学生	女子学生	相関係数
1	派手な	vv-赤(46), vv-黄(12), vv-黄赤(10), vv-赤紫(7), vv-黄緑(5) [13]	vv-赤(47), vv-赤紫(18), vv-黄(15), lt-赤紫(7), vv-黄赤(4) [13]	0.941
2	地味な	vd-黄緑(7), N6灰色(7), dl-黄緑(5), mg-黄赤(5), mg-黄(5), dp-青(5), vd-赤紫(5) [32]	vd-黄緑(7), dg-黄赤(7), mg-黄緑(5), mg-黄(5), dg-黄(5), dk-黄(5) [59]	0.210
3	軽い	vp-青紫(14), vp-黄(10), vp-赤(7), vp-黄緑(7), pl-青(7) [23]	vp-黄(17), vp-赤(12), vp-青(12), vp-黄緑(9), vp-青紫(9) [31]	0.727
4	重い	vd-黄赤(10), vd-青紫(10), dg-青(7), vd-黄緑(7), vd-青(7), 暗い灰色(7) [23]	黒(16), vd-赤紫(10), vd-黄緑(8), vd-青(7), vd-青紫(7) [44]	0.241
5	元気が出そうな	vv-黄赤(33), vv-黄(18), lt-黄(18), lt-黄赤(10), pl-黄(5), lt-赤(5) [10]	vv-黄赤(34), vv-黄(23), lt-黄(16), lt-黄赤(6), vv-赤(5), lt-赤(5) [23]	0.970
6	ゆううつそうな	mg-青紫(7), dg-青紫(7), vd-紫(7), pl-紫(5), mg-青(5), dg-青紫(5), dg-赤紫(5), vd-青紫(5), vd-赤紫(5) [30]	mg-青(6), dl-青紫(5), mg-青緑(5), dg-青紫(5), vd-青紫(5) [63]	0.582
7	スポーティな	lt-青(19), vv-青紫(14), vv-青(12), vp-青(10), lt-黄(5) [16]	lt-青(19), vv-青紫(14), lt-青紫(7), lt-青緑(7), pl-青(6) [32]	0.796
8	エレガント(優美)な	dp-紫(12), dp-赤紫(12), vv-紫(7), vv-赤紫(7), vp-赤紫(5), sf-紫(5), dl-紫(5), dp-青(5), dk-赤(5) [24]	dp-赤紫(12), vv-赤紫(11), lt-紫(11), vv-紫(6), dp-紫(6) [52]	0.753
9	暖かい	vv-黄赤(22), lt-黄赤(15), lt-赤(10), sf-赤(10), pl-赤(7), pl-黄赤(7), dp-赤(7) [14]	lt-黄赤(23), vv-黄赤(14), pl-赤(12), pl-黄赤(10), lt-赤(9) [30]	0.763
10	冷たい	dp-青紫(12), vv-青紫(10), vp-青(10), pl-青紫(10), pl-青(7) [22]	vv-青紫(8), pl-青紫(8), dp-青紫(8), vp-青(7), lt-青(6), pl-青(6) [39]	0.728
11	緊張した	vv-赤(10), 白(10), vv-青(7), vv-赤紫(5), dp-青紫(5), 暗い灰色(5) [32]	vv-黄(12), vv-赤(7), lt-黄(7), 白(6), vv-青紫(4), dp-青(4) [77]	0.363
12	ゆるんだ	vp-赤紫(12), pl-黄(7), vp-赤(5), vp-黄赤(5), vp-黄(5), vp-紫(5), pl-緑(5), sf-赤(5), sf-黄(5) [28]	vp-赤(9), vp-黄(7), pl-赤(7), pl-黄赤(7), vp-黄赤(6) [55]	0.308

	ことば	男子学生	女子学生	相関係数
13	シンプルな	白(43), vp-青(5), vp-青紫(5), lg-黄赤(5), lg-黄(5), 黒(5) [20]	白(46), vp-青紫(7), vv-青紫(3), 黒(3), vv-赤(3), vp-青(3), pl-青(3), pl-青紫(3), うすい灰色(3) [45]	0.990
14	ゴージャス(豪華)な	vv-黄(17), dp-赤(12), dp-黄(10), vv-黄赤(7), sf-黄(7) [21]	vv-赤紫(15), vv-紫(12), vv-黄(8), dp-赤(6), vv-赤(6) [46]	0.208
15	きれいな	lt-青緑(10), vp-緑(7), vp-青(7), pl-青紫(7), vv-黄緑(5), vp-黄赤(5), lt-黄(5), lt-青(5), dl-赤(5) [28]	vp-青緑(9), lt-青緑(9), pl-青緑(8), pl-緑(7), pl-青(7) [46]	0.418
16	きたない	dg-黄(12), dk-黄(10), vd-赤(7), dl-黄(5), mg-黄緑(5), dg-紫(5), dg-赤緑(5), dp-黄(5), vd-黄緑(5), vd-赤紫(5) [26]	dg-黄(13), dk-黄(12), vd-黄(10), vd-黄緑(4), dl-黄(3), dg-黄(3), dg-黄緑(3), dg-赤紫(3), dk-黄緑(3), vd-赤(3) [50]	0.702
17	一番好きな	dp-青緑(8), 黒(8), vv-黄赤(5), vv-黄(5), vv-黄緑(5), vv-青(5), vp-青緑(5), lt-赤(5), dp-赤(5) [28]	lt-青緑(6), lt-赤(5), pl-赤(4), pl-青緑(4), pl-青(4), lt-青(4) [69]	0.012
18	一番嫌いな	vv-黄(7), vv-赤(5), vv-紫(5), vv-赤紫(5), pl-赤(5), lt-赤紫(5), sf-赤紫(5), dl-赤紫(5), dg-黄緑(5), dk-黄(5) [31]	lt-赤紫(9), dk-黄(7), dg-黄(4), vv-赤紫(3), mg-黄(3), vd-黄緑(3) [72]	0.386
19	自分の色だ	dp-青紫(8), vv-赤(5), vv-黄赤(5), lt-黄緑(5), sf-黄(5), dp-青緑(5), vd-黄緑(5), 黒(5) [31]	vv-黄赤(6), 黒(4), vv-赤(4), vp-黄(3), vv-青(3), pl-青緑(3), pl-青紫(3), lt-青(3), lt-青緑(3), dp-青緑(3) [77]	0.603
20	自分から最も遠い色だ	vv-赤(20), vv-黄(12), lt-赤紫(7), vv-青(5), lt-赤(5) [26]	lt-赤紫(12), vv-赤(8), vv-黄(4), pl-赤紫(6), vv-赤紫(5) [73]	0.687

注1：男子学生：42名、女子学生：223名の、上位5色と（ ）内の数値はその％、[ ]内の数値は126色中の各選択色数、そして男女間の相関係数を示す。

注2：表中のトーン記号等の意味：vv: あざやかな、vp: ごくうすい、pl: うすい、lt: 明るい、sf: やわらかい、dl: くすんだ、lg: 明るい灰みの、mg: 灰みの、dg: 暗い灰みの、dp: こい、dk: 暗い、vd: ごく暗い、N5: 明度5の灰色、N6: 明度6の灰色。

大震災（2011.3.11）を体験した者は、しばらくの間精神的に不安定な時期が続いた。そのような状況下において、元気が出そうな色とはどのような色であろうか、そうした色を調査から示すことができれば、何かの時に役立つかもしれず、初めて調査項目に加えた。

表4-3は、20個のことばについて、126色の色票から男子（42名）、女子学生（223名）に各1つ選択させた結果（2013年調査）である。各ことばの上位5位までの色とその割合（%）、各ことばについて126色中から選出された色総数［　］、そして男女間の相関係数を示している。

表4-3から、特徴的な事柄だけを以下に示す。

  派手な色・シンプルな色・元気が出そうな色：男女とも第1位は同じ色で、その色の回答割合が高く、各々あざやかな赤、白、あざやかな黄赤となり、これらは、男女間の相関係数も高く男女差がほとんどなかった。派手な色は、上位5色中4色まで男女同色が入り、あざやかな赤、あざやかな黄、あざやかな赤紫、あざやかな黄赤という結果になった。シンプルな色は、白の割合が高いため2位以下の値は極端に小さいが、上位に入った共通色は、ごくうすい青紫、ごくうすい青、黒であった。元気が出そうな色は、あざやかな黄赤、あざやかな黄、明るい黄、明るい黄赤、明るい赤となり、男女で上位5位まで全く同色、同順序であった。

  スポーティな色：男女とも明るい青、あざやかな青紫の2色が第1位2位と共通し、相関係数も高かった。

  暖かい色：明るい黄赤、あざやかない黄赤、明るい赤、うすい赤、うすい黄赤が男女共通して上位色となり、相関係数も高かった。

  エレガント（優美）な色：こい赤紫、こい紫、あざやかな赤紫、あざやかな紫が上位に男女とも共通して入り、相関係数も高かった。

一方、男女間の相関係数が低いものをあげると、一番好きな色、ゴージャスな色、地味な色という結果であった。

　過去の色票提示による調査で、どのようなトーンの色を合計何色提示するかで、結果が大きく異なることを経験した。今回の調査では、著者最多の126色の色票から選出させており、調査対象者が関東在住の大学生男女で人数も限られてはいるが、かなり詳しい結果が得られた。

　また、各ことばからの連想色間の相関係数（カッコ内の値）を求め、その結果相関があった語対を示すと、正の相関があったのは、暖かい色と重い色（0.917）、元気が出そうな色と緊張した色（0.905）という組合せであり、一方、負の相関があったのは、軽い色とゆううつそうな色（－0.555）、冷たい色とゴージャスな色（－0.460）、重い色と冷たい色（－0.448）という組合せであった。意外と思える組合せもあり、色彩感情は、多様であり複雑であることを示している。ある感情を色で表現する場合に、ひとつの目安、参考となるであろう。

4-4　単色の感情効果

　前節4-3とは逆に、色を見た場合に受ける私たちの感情、いわゆる色彩感情はどのようであろうか。本節4-4では、色彩の単色の感情効果、そして次節4-5では2色配色の感情効果について、SD法（説明は後出）による色票を用いた調査結果からみていく。

　まず単色の感情効果の調査方法などを簡単に示す。[5]

　色票は、有彩色の基本10色相（R, YR, Y, GY, G, BG, B, PB, P, RP）のマンセル色相数字5と、12トーン（vv, vp, pl, lt, sf, dl, lg, mg, dg, dp, dk, vd）を組み合わせた120色と、無彩色6色（白, N8, N6, N5,

N3, 黒) 以上126色である。各色票は5cm四方とし、縦長に置いたB5判台紙 (N8.0) の中央に貼る。調査対象者は、関東地方の美術大学生 (女：76、男16) と教養系短大女子学生 (31) の3群で、合計123名。年齢は18～25歳。SD尺度は、色彩感情に関する先行研究の因子分析結果[6]を参考に選出した、「派手な－地味な」(活動性因子：A)、「緊張した－ゆるんだ」(鋭さ因子：S)、「ゴージャス－シンプル」(活動性因子：A)、「好きな－嫌いな」(価値因子：E)、「スポーティ－エレガント」(A, E, Sのいずれにも属さない尺度)、以上の5評定尺度である。普通教室において、SD法を用いた7段階評価 (1, 7：非常に、2, 6：かなり、3, 5：やや、4：どちらでもない) を行い、評定尺度ごとに平均値を求めた。3群中2群ごとに、各色彩感情について、126色の実測値間の相関係数を求めた結果、各群ともすべて相関が高い結果となったため、3群全体の平均値をとり、色相別、トーン別、単色について特徴をみていく。

10個の色彩感情の結果を、表4-4に示す。

また、口絵8の「単色の色彩感情」には、各上位3位の色について色票とレーダー図を示した。各レーダー図の上位3位の色に重複があるのは、それぞれの色彩感情で上位となったからである。各色彩感情で上位になった色と、他の色彩感情との関係が理解できよう。レーダー図中の数値"4"は"どちらでもない"を示し、数値が各外側にいくほど派手な、スポーティ、緊張した、ゴージャス、好きなとなり、逆に各内側にいくほど地味な、エレガント、ゆるんだ、シンプル、嫌いなとなる。たとえば、"ごくうすい青紫"は、"好き"であると同時に"シンプル"な色を示す。

また、図4-1に、各色別の色彩感情を示す。横軸に有彩色と無彩色をとり、縦軸に6種類のトーン別実測値をプロットしている (12種すべてのトーンの図示は煩雑となるため、主なトーンのみを示す)。

各色彩感情についての細部にわたる特徴を以下に示す。

表 4-4 各語の上位 5 位の色

順位	派手な	スポーティ	緊張した	ゴージャス	好きな
①	あざやかな赤 (vv-R)	うすい青 (pl-B)	あざやかな赤 (vv-R)	あざやかな赤紫 (vv-RP)	ごくうすい青紫 (vp-PB)
②	あざやかな黄赤 (vv-YR)	あざやかな青紫 (vv-PB)	あざやかな赤紫 (vv-RP)	こい赤紫 (dp-RP)	白 (N9.5)
③	あざやかな黄 (vv-Y)	明るい青 (lt-B)	あざやかな黄 (vv-Y)	こい紫 (dp-P)	あざやかな赤 (vv-R)
④	あざやかな赤紫 (vv-RP)	あざやかな黄赤 (vv-YR)	黒 (N1)	あざやかな赤紫 (vv-P)	やわらかい青緑 (sf-BG)
⑤	明るい赤紫 (lt-RP)	明るい青緑 (lt-BG)	あざやかな黄赤 (vv-YR)	こい赤 (dp-R)	あざやかな青 (vv-B)

順位	地味な	エレガント	ゆるんだ	シンプル	嫌いな
①	ごく暗い黄 (vd-Y)	暗い赤紫 (dk-RP)	明るい灰みの赤紫 (lg-RP)	うすい灰色 (N8)	暗い黄 (dk-Y)
②	黒 (N1)	こい赤紫 (dp-RP)	明るい灰みの黄緑 (lg-GY)	ごくうすい青紫 (vp-PB)	暗い黄赤 (dk-YR)
③	ごく暗い緑 (vd-G)	暗い紫 (dk-P)	明るい灰みの赤 (lg-R)	白 (N9.5)	くすんだ黄 (dl-Y)
④	ごく暗い黄緑 (vd-GY)	くすんだ赤紫 (dl-RP)	ごくうすい赤 (vp-R)	灰色 (N6)	灰みの赤紫 (mg-RP)
⑤	暗い灰みの黄緑 (dg-GY)	暗い灰みの紫 (dg-P)	明るい灰みの黄 (lg-Y)	灰色 (N5)	灰みの赤 (mg-YR)

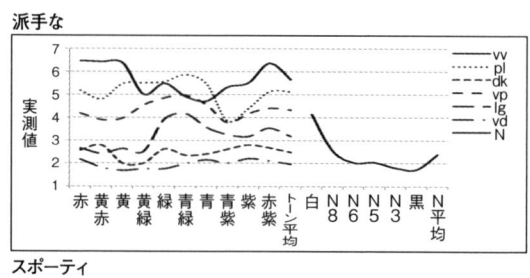

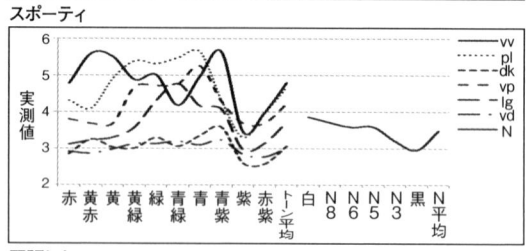

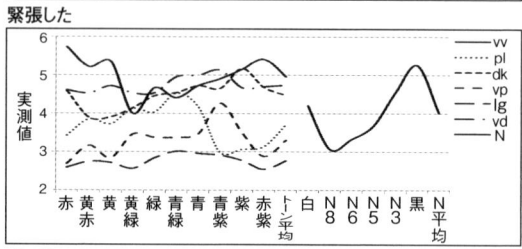

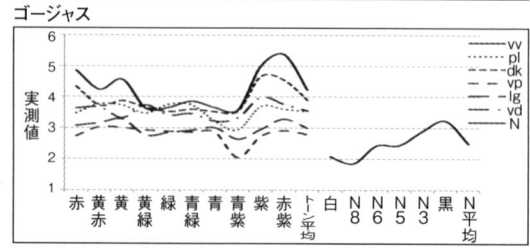

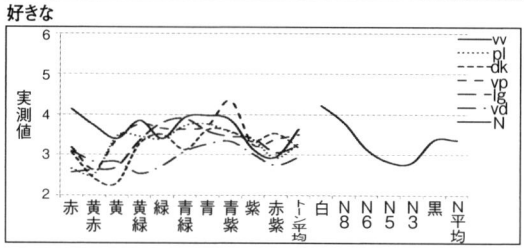

図 4-1　各色別の色彩感情

「**派手な**」：トーン別で特徴が見られ、vv, lt, pl トーンが派手、vd, dg, mg トーンが地味となった。全色相の vv トーンが最も派手ではなく、黄緑、緑、青では pl トーン、青緑では lt トーンが最も派手なトーンとなったことは注目したい。無彩色では、白から黒に明度が低くなるにつれて派手から地味となり、無彩色も明度により派手－地味の色彩感情が異なる様子が示された。

「**スポーティ**」：トーン別では、lt, vv, pl トーンがスポーティ、vd, dk, dg トーンがエレガント、色相別では青、青紫がスポーティ、紫、赤紫がエレガントとなった。赤、黄赤、黄、青紫では vv トーン、黄緑、緑、青では pl トーン、青緑、赤紫では lt トーン、そして紫は vp トーンが最もスポーティなトーンであった。無彩色では白がスポーティ、明度が低くなるにつれてエレガントとなり黒が最もエレガントとなった。

「**緊張した**」：トーン別で差異が見られ、vv, vd, dp トーンが緊張し、lg, mg, vp トーンがゆるんだトーンとなった。赤、黄赤、黄、緑、赤紫は vv トーン、黄緑、青緑、青は vd トーン、青紫は dp トーン、紫は dk トーンが各色相において最も緊張したトーンであった。無彩色では黒が最も緊張し、明度が高くなるにつれてゆるんだ評価となり N8 が最もゆるみ、白になるとまた緊張するという興味深い結果となった。

「**ゴージャス**」：トーン別では、vv, dp, dl トーンがゴージャス、vp, lg, mg トーンがシンプルとなった。黄赤、黄、青緑、赤紫では vv トーン、赤、緑、青、青紫、紫では dp トーン、黄緑では vd トーンが各色相で最もゴージャスなトーンとなった。色相別では、赤紫、紫がゴージャス、青紫、青がシンプルな色相となった。有彩色に比べ無彩色はシンプルであり、N8 から低明度の黒になるにつれてシンプルからゴージャスへの移行がみられる。

「**好きな**」：全体に実測値は低い。強いてあげれば、vv, lt, vp トー

第 4 章　色彩からどのような感情をもつか

ンが好き、mg, dg, vd トーンが嫌い、色相別では、青、青紫、青緑が好き、黄赤、黄、赤が嫌いとなった。赤、黄赤、黄緑、青では vv トーン、青緑、紫では sf トーン、黄では lt トーン、緑では lg トーン、青紫では vp トーン、赤紫では dp トーンが最も実測値が高くなり、5 評定尺度中最も色相別の好きなトーンが多様であった。無彩色は白が最も評価が高く、明度が低くなるにつれて評価が下がり、黒はやや上がるというカーブを示す。

　ことばからの連想色（表4-3）と、色票から SD 法で評価させた本節の結果について、各上位 5 色を比較してみる。2 つの調査は、使用した色票は同じで、調査年、回答者は異なる。その結果、派手な色は 5 色すべて共通し、スポーティ、シンプル、ゴージャス等でも 4～1 色共通する色票があった。ところが好きな色は全く共通する色がなかった。好きな色は、いかに複雑、多様であるかがうかがえる。

　ここで、SD 法について説明すると、SD 法とは、アメリカの心理学者であるオズグッド（C. E. Osgood）が、言語の心理学的研究を主な目的として開発した「セマンティック・ディファレンシャル法（semantic differential）」（1952）に対する日本における略称である。この方法は、本来は意味を分析するための手段であるが、ここでいう意味とは、個々の言葉や物が各人に与える感情的意味（affective meaning）のことである。日本において SD 法は、言語心理学だけでなく、製品、広告、人物、政党などのイメージ調査に広く使用され、さらに、色彩、配色、音色、手ざわり、食感など多くの感覚的刺激が与える心理的効果の研究に用いられる。はっきりしない主観的質的な体験を客観的に把握する方法として特徴があり、色の感情効果の研究手段として使用されている。

　SD 法は、従来評定尺度と呼ばれていた方法に類似する。評定尺

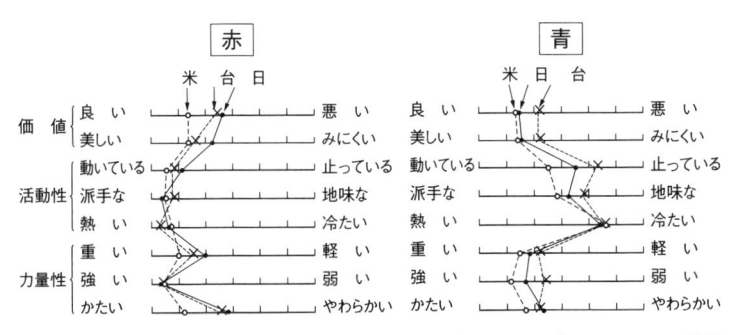

図4-2 日本、アメリカ、台湾における赤・青に対するSDプロフィールの比較
(大山・田中・芳賀, 1963[8]／大山, 1994[9]より)

度法とは、直線を等間隔（5ないし7段階）に区切り、評定の基準となる言葉を記入し、評定者は評定対象の各側面について、その尺度の該当する箇所に印をつける。このような心理的尺度は、物理的尺度のように、厳密には等間隔性が保証されていないが、ほぼ等間隔とみなして統計的処理を行ってもさして支障がないことが、経験的に知られている[7]という。

図4-2には、日本、アメリカ、台湾で同じ色票を用いて調査した、赤と青のプロフィール[8][9]を示す。国による比較、赤と青という色における比較等が容易にできる。

SD法では、図4-2に示したように評定尺度が同時に多数与えられ、言葉や色などを評定対象（刺激と呼ぶ）として評定する。各尺度の両端におかれる形容詞は、過去の類似の研究を参照して、研究目的に応じて研究者が主観的に選出したさまざまな形容詞を用いる。

その際は、因子分析の結果を用いて各因子を代表する形容詞対を選ぶことが望ましい。SD法の結果に因子分析法を適用すると、一般に、価値 (evaluation)、活動性 (activity)、力量性 (potency) の3因子が主要因子として抽出されることが多い。図4-2にも示されているが、これら3因子に関連する基本尺度としては、次のようなも

のがあげられる。

　　価値：良い－悪い、快い－不快な、美しい－汚い、好きな－嫌いな、
　　活動性：はやい－おそい、騒がしい－静かな、派手な－地味な、
　　力量性：強い－弱い、重い－軽い、柔らかい－堅い、緊張した－ゆるんだ、

4-5　配色の感情効果

　前節 4-4 では単色の感情効果についてみたが、本節では配色の感情効果を取り上げる。配色は、それを見る者に、調和－不調和感を与えるだけでなく、快・不快感、誘目性、若々しさ、はなやかさ、暖かさ、派手さ、好悪感など、実にさまざまな感情の差を生じさせる。そのような配色の感情効果の諸研究のうちのいくつかをみていく。

　塚田（1962）[10]は単色および2色配色の好悪について統計的に調査し、小学生（低）、小学生（高）、中学生、高校生、青年、中年、老年の各年齢層別、男女別に色の嗜好の基本的傾向を解析し、配色調和論との関連を考察した。ここでは当時の日本色彩研究所の 24 色相環を色相として用いており、次の結論を得た。

1. 2 色配色の好悪は注目度の高い配色が選ばれ、単色の好悪も影響する。
2. 2 色配色の好悪は色相関係では全般的に色相差 0, 8, 12 が好まれ、2, 4 が嫌われる。男女別では、男性は色相差 8 と 12 の対立的色相の配色を好み、女性は色相差 0 の同色相配色を好む。
3. 2 色配色の好悪は明度関係では全般的に明度差が大きくなるほ

ど好まれ、小さいときは嫌われる。
4. 2色配色の好悪は彩度関係では全般的に彩度差1以下の小さいときと、5〜6の大きいときが好まれ、彩度差3程度は嫌われる。配色好悪は調和、不調和と密接な関係があると考えられる。

次に、配色の最も基本である2色配色の色彩感情について、SD法による調査結果からみていく[11][12][13]。2色配色を色相の観点から、①同一色相配色、②異色相配色、③無彩色同士の配色ならびに無彩色と有彩色との配色、これら3つに大別して、調査年度、被験者は異なるが、同質の色票、同様のSD尺度を用いて調査した。色相、トーンの組合せは必ずしも同じではないが、個人で実施したものとしては詳細な結果が得られた。簡単に結果のいくつかと図版を示す。
まず方法などを簡単に示す（詳しくは原論文参照のこと）[11][12][13]。
使用した色は、有彩色は基本10色相（R, YR, Y, GY, G, BG, B, PB, P, RP）、各色相における、vivid（v), bright（b), light（lt), pale（pl), very pale（vp), light grayish（lg), grayisy（gr), dull（dl), deep（dp), dark（dk), dark grayish（dgr）、以上11種トーンの計110色、無彩色は、白（Wt)、明るい灰色（ltGy)、灰色（Gy)、黒（Bk）の4種、合計114色から選んだ。①同一色相配色は、基本10色相ごとに、v/gr, pl/dk, pl/dp, b/dk, pl/b, pl/lt, dl/dk、以上各7トーンの組合せで合計70配色である。②異色相配色は、すべて異色相による有彩色同士の配色とした。基本となる5色相（R, Y, G, B, P）ごとに、ペアとなる各9色相（同一色相を除く）を組み合わせた。各トーン組合せは、pl/pl, v/v, dk/dk, b/pl, dl/dk, pl/dk, v/grで合計285配色。③無彩色と有彩色の配色は、明度が異なる無彩色4種（Wt, ltGy, Gy, Bk）ごとに、ペアとなる有彩色は、基本10色相の各々につき、各6トーン（pl, b, v, lt, dl, dk）を組み合わせて240配色とした。さらに無彩色同士の配色は、無彩色4種類間の6配色をとり、合計

246配色。調査対象者は短大女子学生各50名程、年齢は19〜20歳であった。

SD尺度は、「4-4　単色の感情効果」と同様の5尺度に、配色の場合に重要となる"調和−不調和"（価値因子：E）を加えた6評定尺度、12形容詞を用いた。調査は普通教室においてSD法を用いて7段階評価を行った。

口絵9の配色の色彩感情（1〜12）には、各調査結果の上位2位の配色色票とレーダー図を示す。1. 派手な、2. 地味な、3. スポーティ、4. エレガント、5. 緊張した、6. ゆるんだ、7. ゴージャス、8. シンプル、9. 好きな、10. 嫌いな、11. 調和、12. 不調和、という12種の形容詞について、各①同一色相配色・②異色相配色・③無彩色を含む配色において上位2位の配色を示すが、ある色彩感情において上位になった配色の、他の色彩感情との比較ができる。レーダー図の数値4は"どちらでもない"を示し、数値が各外側にいくほど派手な、スポーティ、緊張した、ゴージャス、好きな、調和となり、各内側にいくほど地味な、エレガント、ゆるんだ、シンプル、嫌いな、不調和となる。

次に、表4-5に、「配色の色彩感情特徴のまとめ」として、①同一色相配色②異色相配色③無彩色を含む配色について、12形容詞ごとに、色相別、トーン配色別の特徴を示した。

①同一色相配色：配色の評価に色相が大きく影響したのは、"スポーティ−エレガント"（スポーティはB系、エレガントはP系）、"ゴージャス−シンプル"（ゴージャスはP, RP系、シンプルはB系）であり、トーン配色が影響したのは、"派手な−地味な"、"調和−不調和"の各形容詞であった。"好きな"はトーン配色の影響の方が大きく、"嫌いな"は色相の影響の方が大きいという結果となった。

表 4-5 配色の色彩感情特徴のまとめ

配色種類 特徴 形容詞	①同一色相配色 ○色相の配色	①同一色相配色 ○/○トーン配色	②異色相配色 ○色相を含む配色	②異色相配色 ○/○トーン配色	③無彩色を含む配色 ○無彩色と○トーンの配色	③無彩色を含む配色 ○色相	③無彩色を含む配色 ○トーン
1 派手な		pl/b	Y, R, G	v/v:83%, 残りは全て b/pl	Wt と v, Wt と b	RP	v, b
2 地味な	YR	dl/dk	Y, R, G	dk/dk:77%, 残りは全て dl/dk	Gy と dk, Bk と dk, Gy と dl	Y, YR	dk, dl
3 スポーティ	B, PB		B, Y, G, GY	b/pl, v/v	Wt と v	PB, B	v, b
4 エレガント	P, R	dl/dk	P, R, RP, Y	dk/dk, dl/dk	Wt と pl	P, RP	pl, lt, dk
5 緊張した	B, BG, PB	b/dk, dl/dk	R, P, Y, G	v/v, dk/dk	Bk と v, Bk と dk	P	v, dk
6 ゆるんだ	Y	pl/lt, pl/b	Y, G, P, R	pl/pl:94%, 残りは全て pl/pl	Wt と pl, ltGy と pl	RP	pl
7 ゴージャス	P, RP, R	b/dk	B, P, Y, G, RP	v/v, v/gr	Bk と v	P, RP	v, b
8 シンプル	PB, B	pl/lt	B, P, Y, G, PB, R	pl/pl:83%	*	PB, B	pl, lt
9 好きな	B	pl/b, pl/lt	B, Y, PB, G	dk/dk, v/pl, dl/dl	Gy と dk, Gy と dl, Bk と dk	B, RP	b, pl, lt
10 嫌いな	Y, YR, R		R, P, RP, Y	pl/pl, b/pl, v/v	Wt と pl, Wt と b, Wt と v		dk, dl
11 調和	B	pl/b, pl/lt	Y, B, BG	pl/pl, b/pl, v/v	Gy と dl, Gy と dk	YR	b, pl, v
12 不調和	R	v/gr	R, Y, B, P	v/gr, pl/gr			dk, dl, b

注1：各形容詞上位配色の内容を①②③ごとに以下に示す．
①は70配色中の各形容詞上位1/4即ち17配色について，色相配色からみた．
②285配色中の各形容詞上位10%即ち29配色について，色相とトーン配色からみた．
③246配色中の各形容詞上位10%即ち25配色について，無彩色4種（Wt, ltGy, Gy, Bk），10色相，6種トーン（pl, b, v, lt, dl, dk）からみた．

注2：①②③の色相，トーンに分けた特徴には，各 "…が多い" と続く（例：同一色相配色の "地味な" には，YRの色相が多い）．

注3：空欄は，該当なしを示す．

注4：*印は，無彩色と有彩色の配色では該当なしであるが，無彩色同士の全配色が入った．

②**異色相配色**:"派手な-地味な"は、色相、トーン配色ともに、最も特徴がはっきり出ており、両者の表4-5中の色相Y, R, Gは同じであるが、トーンの組合せの違い(順に、v/vであるかdk/dk)により逆の色彩感情が示された。色相Yは12形容詞すべてに登場する唯一の色相であり、明度、彩度の違いで最も多様な色彩感情を示す色相であった。トーン配色の組合せでは、pl/pl:"ゆるんだ、シンプル"において、v/v:"派手な"において、dk/dk:"地味な"において、いずれも77%以上を占める特徴的なトーン配色であった。

③**無彩色を含む配色**:"派手な"はv, bトーン、"地味な"はdk, dlトーンに偏り、"スポーティ"はv, bトーン、"エレガント"はP, RPに偏った。"緊張した"はBkとvやdkトーンの配色、"ゆるんだ"はWtやltGyとplトーンの配色に偏った。"ゴージャス"は、Bkとの組合せ、"シンプル"では、無彩色同士の配色すべてが上位配色に入った。"好きな"は、Wtとplやbトーンの配色が多く、"嫌いな"では、Gyとdkやdlトーンとなり、高明度のWtやltGyとの配色は好き、低明度のGyやBkとの配色は嫌いを示す。また、"調和"と"好きな"、"不調和"と"嫌いな"は、同様な無彩色との組合せとなった。

色相Yは、異色相配色においては、明度・彩度の違いで最も多彩な色彩感情を示したが、無彩色との配色では"地味な"のみにあらわれた。Yは、異色相配色では最高明度なため、無彩色を含む配色のWtと同様な役割を果たすといえよう。

無彩色と有彩色の配色、無彩色同士の配色は、従来あまり重要視されず、無彩色と有彩色の配色は同一色相の配色に含める、つまり同じとする記述も他にはあるが、上述のとおり、同一色相配色と無彩色を含む配色の色彩感情は同じではなく、無彩色の種類によって

表 4-6 調和上位 10 位までの配色と他形容詞上位 20％内の配色順位との関係
(表中の数字は各形容詞における順位を示す)

	調和順位	配色記号	好きな	派手な	スポーティ	ゆるんだ	シンプル	エレガント	ゴージャス
同一色相配色	1	pl-B / b-B	1	3	1				
	2	pl-B / lt-B	2			13	3		
	3	pl-Y / b-Y	5	2		6			
	3	pl-G / b-G	5	9	9				
	5	pl-R / b-R	12	6					
	5	pl-G / lt-G	9						
	7	pl-BG / b-B	4	8	10		14		
	7	pl-RP / b-R	3	1		2			
	9	pl-R / lt-R		4		5		9	13
	9	b-P / pl-P	12	4				1	10

	調和順位	配色記号	好きな	シンプル	スポーティ	ゆるんだ	派手な	ゴージャス
異色相配色	1	pl-B / dk-PB	3	14	10			
	2	v-Y / v-YR	4		25		7	7
	3	b-B / pl-BG	1	36	7		52	
	4	pl-B / pl-BG	7	7	41	19		
	5	v-G / v-BG	12		53		39	
	6	b-R / pl-RP	2					
	7	pl-G / pl-BG	31	27	49	4	39	
	7	pl-B / pl-RP	11	27		16		
	9	pl-P / pl-RP	10	6		4		
	10	pl-Y / pl-YR	31	1		2		

	調和順位	配色記号	好きな	シンプル	派手な	ゆるんだ	エレガント	スポーティ	緊張した	ゴージャス
無彩色を含む配色	1	Wt / Bk	1	4			33		10	
	2	Wt / pl-RP	3	32		8	11			
	3	ltGy / Bk	8	2			17			
	4	Wt / v-PB	4		10			1	29	
	5	Wt / b-RP	2		3					41
	6	Wt / pl-B	6	8		19				
	7	ltGy / lt-B	6	17	37			27		
	8	Wt / pl-R	9	32		7	4			
	8	Wt / pl-BG	4	26		16				
	8	Wt / v-R	26		1			16	5	2

注：各調査配色数は、同一色相配色；70、異色相配色；285、無彩色を含む配色；246 配色。
　　配色記号は、トーン－色相の順 (例えば、pl-B は pale tone の Blue)。
　色相：R;Red, YR;Yellow Red, Y;Yellow, GY;Green Yellow, G;Green, BG;Blue Green, B;Blue, PB;Purple Blue, P;Purple, RP;Red Purple, Wt;White, ltGy;light Gray, Bk;Black.
　トーン：v;vivid, b;bright, lt;light, pl;pale, dk;dark.

異なる。たとえば、無彩色でも、白との配色は調和、好きとされるが、中明度以下の灰色との配色は不調和、嫌いであることが明らかになった。

さらに6評定尺度間の相関係数は、「調和」と「好きな」の間には、同一色相配色・異色相配色・無彩色を含む配色のいずれでも強い正の相関（相関係数はそれぞれ0.88、0.83、0.94）があった。「派手な」・「スポーティ」間、「緊張した」・「ゴージャス」間にも正の相関が見られる一方、「ゴージャス」・「調和」間、「ゴージャス」・「好きな」間には弱い負の相関が見られた。細野（1974）[14]の研究でも、調和と好きの相関係数は、0.962ときわめて高かった。以上のように多種類の色彩感情の間には、正または負の相関があった。

普通、配色を考える場合、どのような配色が調和する配色かを考え、次に使用目的に合致するものを探すであろう。そこで、多次元の色彩感情を組織的に研究し、調和しかつ使用目的の色彩感情に合った配色例を、表4-6に示した。たとえば、調和し、かつスポーティな配色、調和し、かつゴージャスな配色等を示した。一例をあげると、同一色相配色の「調和」第1位のペールブルーとブライトブルーの配色は、「好きな」と「スポーティ」においても第1位、「派手な」は第3位であった。

【参考文献】

［1］塚田　敢（1978）『色彩の美学』紀伊國屋書店, p.132.

［2］伊藤久美子（2008）「色彩好悪と色彩象徴の経年変化」『デザイン学研究』*55*(4), 31-38.

［3］大山　正（1964）「色彩象徴に関する一研究」『色彩研究』*11*, 55-59.

［4］浜本隆志・伊藤誠宏（2005）『色彩の魔力』明石書店, pp.197-198.

［5］宮田久美子（2013）「多種類の単色の色彩感情」『日本色彩学会誌』*37*(3), 300-301.

［6］伊藤久美子（2001）「SD法を用いた2色配色の多面的評価」『日本色彩学会誌』*25*, Supplement, 100-101.

［7］大山　正（1998）「SD法」日本色彩学会編『新編色彩科学ハンドブック［第2版］』東京大学出版会, pp.341-346.

［8］大山　正・田中靖政・芳賀　純（1963）「日米学生における色彩感情と色彩象徴」『心理学研究』*34*, 109-121.

［9］大山　正（1994）『色彩心理学入門』中央公論社, p.217.

［10］塚田　敢（1962）「建築色彩の視覚効果に関する基礎事項の研究」『千葉大学工学部研究報告』*13*, 79-123.

［11］伊藤久美子（2004）「同一色相内の二色配色の感情効果」『日本色彩学会誌』*28*, 3-15.

［12］伊藤久美子・大山　正（2005）「異色相間の二色配色の感情効果」『日本色彩学会誌』*29*, 291-302.

［13］伊藤久美子（2011）「若年女子における無彩色を含む2色配色の感情効果」『デザイン学研究』*57*(5), 61-70.

［14］細野尚志（1974）「色彩調和体系の構成への展望」『色彩研究』*21*, 28-35.

第5章　配色の考え方と色彩調和論の流れ

　第5章では、配色の考え方と主な配色技法の種類をあげて説明を加える。次に、欧米の色彩調和論、そして日本の色彩調和論についてみていく。

5-1　配色の考え方と主な配色技法

　配色は、2色以上の色を組み合せることであるが、配色の基本である2色配色を主に取り上げる。その組み合わせた結果がうまくつり合っていることまで考えていこう。[1][2][3]
　色について考える場合は常に色の三属性からみていくとよいが、配色についても同様であり、色相、明度、彩度をもとにした配色を、ここではマンセル10色相環をもとに表5-1に示す。表中のトーンとは、有彩色における明度と彩度を合わせた色の範囲を示す修飾語をいう（前出の図2-1参照のこと）。また、明度については、低明度色（マンセル明度4未満）、中明度色（同4以上7未満）、高明度色（同7以上）に、彩度については、低彩度色（マンセル彩度3未満）、中彩度色（同3以上7未満）、高彩度色（7以上[2]）に、便宜上分けて考えることができる。
　次に、配色の主な名称、技法をあげてみる。

表5-1 配色を考える方向

1. 色相差をもとにした配色	
同一色相配色 ：	色相差 0
類似色相配色 ：	色相差 1
中差色相配色 ：	色相差 2
対照色相配色 ：	色相差 3、4
補色色相配色 ：	色相差 5
2. 明度差をもとにした配色	
同一明度の配色 ：	明度差 0
類似明度の配色 ：	明度差 2位まで
中差明度の配色 ：	明度差 2〜4位まで
対照明度の配色 ：	明度差 およそ4以上
3. 彩度差をもとにした配色	
同一彩度の配色 ：	彩度差 0
類似彩度の配色 ：	彩度差 およそ3前後まで
対照彩度の配色 ：	彩度差 およそ7以上
4. トーン差をもとにした配色	
同一トーンの配色 ：	トーン差 なし
類似トーンの配色 ：	トーン差 小（隣接トーン）
対照トーンの配色 ：	トーン差 大

1. ナチュラルハーモニー（natural harmony）：類似色相配色をつくる場合、色相環において、色相黄に近い色相の明度を高く（明るく）、黄から遠い色相の明度を低く（暗く）とった配色をナチュラルハーモニーという。これは、自然界の法則に合致するような配色であり、調和が得られるとするものである。

2. コンプレックスハーモニー（complex harmony）：コンプレックスとは、「複雑な」という意味であるが、明度の取り方をナチュラルハーモニーと逆にとった配色をいう。すなわち、類似色相配色をつくる場合、色相環において、色相黄に近い色相の明度を低く（暗く）、黄から遠い色相の明度を高く（明るく）とった配色をコン

プレックスハーモニーという。

3. ベースカラー（base color）：メインカラー、地色ともいわれ、最も広い面積を占める色で、対象物のイメージを最も強く左右する色である。ベースカラー、メインカラーの用語は日本的な用法であり、英語ではドミナントカラーが一般的に使用される。

4. アソートカラー（assort color）：ベースカラーの次に広い面積を占める色であり、サブカラーという用語も同様の意味で使われ、ベースカラーとともに対象物のカラーイメージをほぼ決める色である。アソートカラー、サブカラーの用語は日本的な用法で、英語ではサボーディネートカラー（subordinate color）が一般的に使用される。

5. アクセントカラー（accent color）：アクセントには、強める、引き立たせる、目立たせるなどの意味がある。配色では、ベースカラー、アソートカラーに対して、対照的な色相やトーンを用いることにより、配色のイメージを強調するポイントを明確にさせる。全体に占めるアクセントカラーの割合は10％程度が安定して美しく見えるという。

6. セパレーションカラー（separation color）：セパレーションとは、分離、独立などを意味する。2色配色または多色配色において、その関係があいまい、あるいは対比が強すぎる場合に、それらの色の間にセパレーションカラーを入れることにより、配色全体をうまくつり合わせる。

7. グラデーション（gradation color）：グラデーションとは、漸次移行、徐々に変化することを意味する。3色以上の配色においてグラデーション効果が得られ、色相、明度、彩度、トーンを段階的に規則的に変化させた配色を、それぞれ色相のグラデーション、明度のグラデーション、彩度のグラデーション、トーンのグラデーションという。

8. **ドミナントカラー配色**(dominant color):ドミナントとは、支配的な、優勢なという意味である。この場合のカラーは色相を意味し、ドミナントカラーは色相が支配的、つまり色相が同一でトーンを異にする多色配色をいうが、類似色相まで幅をもたせた配色をいう場合もある。

9. **ドミナントトーン配色**(dominant tone):トーンに統一感をもたせた多色配色をいい、同一トーンで色相を異にする配色をいうが、類似トーンまで幅をもたせた配色をいう場合もある。

10. **トーンオントーン配色**(tone on tone):色相は、同一色相を用いて色相の統一感をもたせ、トーンの明度差を比較的大きくとった配色をいう。普通同系色の濃淡配色といわれている配色である。同一色相を基本とするが、類似色相まで色相に幅をもたせる場合もある。

11. **トーンイントーン配色**(tone in tone):トーンは、同一トーン(または近似トーン)を用いてトーンに統一感をもたせ、色相は自由に選択した配色をいい、トーンにまとまりのある配色となる。色相差が小さい後出の「カマイユ」「フォカマイユ」も同類とする捉え方もある。

12. **トーナル配色**(tonal):ドミナントトーン配色やトーンイントーン配色と同類であるが、特にダルトーンやグレイッシュトーンを用いた配色技法をいう。トーンによるまとまり感はトーンイントーンと同じであるが、濁色系のおだやかな、控えめで地味なイメージを与えるという特徴がある。

13. **カマイユ配色**(camaïeu):ほぼ同一色相、同一トーンを用いた配色であり、ほとんど同じ色に見えるぐらいの微妙な色の差の配色をいう。

14. **フォカマイユ配色**(faux camaïeu):類似色相、類似トーンを用いた配色であり、カマイユ配色と似ているが、色相とトーン

に、カマイユ配色よりもはっきりした違いが見られる配色である。

5-2　欧米の色彩調和論の流れ

　"調和"は、英語では harmony、仏語では harmonie であるが、語源はどちらもラテン語の harmonia に由来する。さらに遡ればギリシャ語の"調和"の語にたどりつき、プラトンの『ティマイオス』の中でも調和の意味で使用され、西欧における調和の起源は紀元前にまで遡ることができるという（福田, 1996）[4]。

　ニュートン（Sir Isaac Newton: 1642-1727）は、実験的事実にもとづく色彩科学の基礎を築いたが、『光学』（1721／島尾訳, 1983）[5]には、"音の調和と不協和が空気の振動の比から生じるように、色の調和と不調和は、視神経の繊維によって脳に伝えられる振動の比から生じるのではなかろうか"という一文がある。これは当時代の西欧の音楽文化の伝統から生じたもので、色の調和を音楽から類推した。

　一方、ゲーテ（Johann Wolfgang von Goethe: 1749-1832）は、『色彩論』（1810／高橋・前田訳, 1999）[6]において、「色彩と音響を比較することはじつはできない。……両者はともに普遍的で基本的な［感覚的］作用であり、分離と統合、上昇と下降、明暗の交替という普遍的な法則にともに従いながらも、それが向かう方向、それが採る方法、それを構成する要素、それが訴える感覚はまったく異なるのである（教示篇七四八）。」と述べた。調和のとれた色彩を最も簡単に知ろうとするなら、色彩環（図5-1）の直径の両端はつぎつぎに呼び求めあう2つの色彩を示しており、黄は赤青（紫）を、青は赤黄（橙）を、真紅（赤）は緑を呼び求め、そしてその逆もまたありうる（教示篇八〇九、八一〇）、とした。さらに、「特異な組合せ」（図5-2）として、色彩環のうち弦が中間の色を1つだけ飛び越すよう

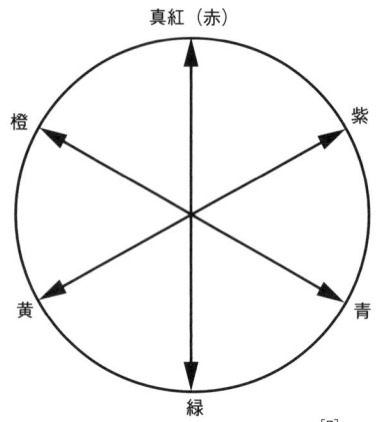

図 5-1　呼び求めあう色（宇田川, 2003, p.166）[7]

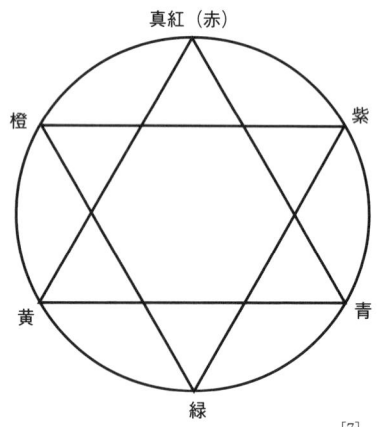

図 5-2　色彩の特異な組合せ（宇田川, 2003, p.166）[7]

82

表5-2 シュヴルールの色彩調和論

①類似の調和
a 単一色相における異なる色調の階調の調和
b 隣接色相、近似色調による色相類似の調和
c 色ガラスを透して見れば、さまざまな色の配色にも支配的な色調が生じるように、1つの主調色による調和
②対比の調和
a 同一色相における色調対比の調和
b 隣接色相における色調対比の調和
c 色彩対比を増大するように選ばれた色彩対比の調和

な関係にある色彩（黄−赤、黄−青、橙−紫、橙−緑など）をあげ、恣意的につくられる組合せとした（教示篇八一六）。また、「特異さのない組合せ」として、色彩環の円周上を順にたどっていくにすぎない組合せ（黄−橙、橙−赤、赤−紫などのように）をあげた（教示篇八二六）。このようにゲーテは、色彩環上の幾何学的な規則性を重んじた色彩調和論を残した。

フランスの化学者シュヴルール（Michel Eugene Chevreul: 1786-1889）は、「色彩の同時対比の法則」（Chevereul, 1839）[8]を出版し、色を三次元として扱う色立体を初めて考案して色の同時対比の実験的研究を行い、立体的色空間を前提とした色彩調和論を展開した。"同時に見た場合"とした上で、色彩調和を色対比の大小によって「類似の調和」、「対比の調和」に大きく分け、表5-2に示す6種の形式とした（福田, 1998）[9]。

これらの用語と概念は、現在の実験的研究まで踏襲されている。また、彼の色彩論は、ドラクロア、ピサロ、モネ、スーラなど当時の画家に影響を与えたとアメリカの色彩学者ビレン（Birren, 1987）はいう。

ドイツの化学者オストワルト（W. Ostwald）は、1920年頃に独自の色立体を考案し、色立体上の簡単な幾何学的関係による系列から

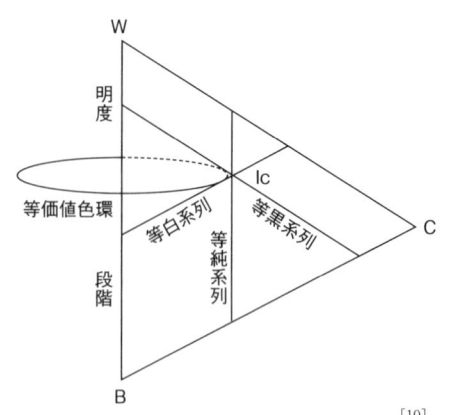

図 5-3　等色相三角形における調和（宇田川, 2003, p.85）[10]

選んだ配色は調和すると論じ、"調和は秩序に等しい"という有名な言葉を残した。2 章 2-2-2 で前述したように、純色：白色：黒色の混合比率（合計 1）で三角形の等色相面を構成し、24 色相環によって複円錐形が構成され（図 2-7、図 2-8）、3 色以上の色が、等しい間隔で立体を構成する系列にある場合に調和するとした。等白系列、等純系列、等黒系列、等価値色環の調和などがあり、構成色間に何らかの共通項がある配色は調和するとした（図 5-3）。

　色彩調和の研究は、マンセルによって、色が色相・明度・彩度の三属性として体系化され、「マンセルシステム」（1905）として発表された後ともいえる。また、合成染料（1856）、合成無機・有機顔料の発明開発という色料製造技術とも大いに関連するので、20 世紀以降の色彩調和論が重要となってくる。

　ムーンとスペンサーは、マンセル色立体にもとづいて、「色相環」と「明度－彩度断面」に分けた色彩調和論を発表した（Moon & Spencer, 1944a）[11]。それは、調和域（図 5-4、図 5-5 の白抜き部分）と、不調和とされるあいまいな領域（図 5-4、図 5-5 の斜線部分）に分け、計量的に図式化したものである。図 5-4 は色相差を選択する図であ

り、色相差（ΔH）は、有彩色を 100 分割した 100 色相環のうち、ΔH がほぼ 0（同一）、7 〜 12（類似）、28 以上（対比）を色彩調和域とする。また図 5-5 は明度差（ΔV）を縦軸、彩度差（ΔC）を横軸にとり、$\Delta V - \Delta C$ の平面上での良調和域を示しており、ΔV と ΔC がともにほぼ 0（同一）、縦軸を $\Delta V = 0.5 \sim 1.5$、横軸を $\Delta C = 3 \sim 5$ でよぎる楕円形のドーナッツ状の部分（類似）、縦軸を $\Delta V = 2.5$、横軸を $\Delta C = 7$ でよぎる楕円より外側の領域（対比）を色彩調和の要件とし、調和のための ΔH、$\Delta V - \Delta C$ を数量的に初めて表した。色相差を円環状に、明度差と彩度差を 2 次元的に捉え、色相差と明度差 – 彩度差は互いに独立に扱われた。

　また彼らは、配色の間隔があいまいでなく、色の三属性空間上で簡単な幾何学的関係にある色が調和するとして、その美度（M）を秩序の要素（O）と複雑さの要素（C）の関係（$M = O/C$）で表し、また面積効果についても量的な追究をした（Moon & Spencer, 1944b, [12][13]c）。

　アメリカの色彩学者ジャッド（Deane Brewster Judd: 1900-1972）は、「色彩調和は好き嫌いの問題であり、情緒反応は人によって異なり、また同一人でもときによって異なる。色彩調和は色そのものによってと同様、領域の相対的大きさ、デザイン、形などによって左右される。」と述べ、「色彩調和は非常に複雑な問題である。しかし、産業のある部面にとっては、色彩計測の全真理よりも、色彩調和の半分の真理の方がおそらくいっそう興味があろう。というのは、色彩調和は、他の色彩管理のすべてよりも、商品が売れるかどうかにはるかに関係があることがしばしばあるからである。したがって一般に容認されている色彩調和の諸原理の要約を述べよう。これらの諸原理は、科学的に証明されてはいない。それは単に、色の快い配合を選ぶための最善の指標であり、これまでになされた幾千もの試行錯誤の不完全な記録、および、部分的研究から生まれてきたもので

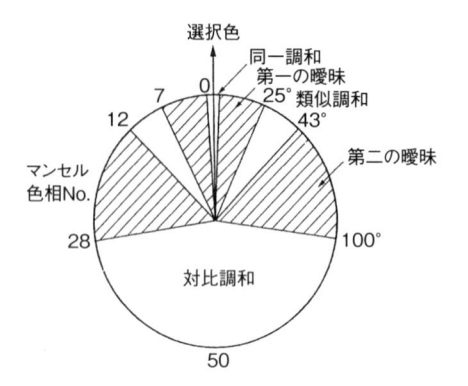

図 5-4 色相差からみた調和域・不調和域
(Moon & Spencer, 1944a[11], この図は緒方, 2003[14]による)

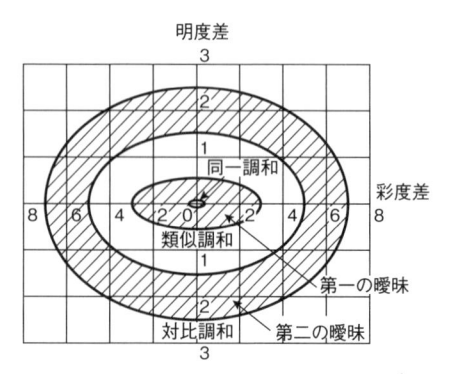

図 5-5 明度差－彩度差からみた調和域・不調和域
(Moon & Spencer, 1944a[11], この図は緒方, 2003[14]による)

ある。」(1952／本明訳, 1964)[15]としながら、古今のさまざまな色彩調和論を以下の4つの原理に要約した。

a. **秩序の原理**：色立体の中から秩序立ったプランにもとづいて選ばれた色は、数理的・幾何学的秩序をもっているので調和する。
b. **なじみの原理**：われわれは、慣れ親しんだものを好む。もし緑色のよい連鎖がほしいならば、木の葉にたわむれる日の光と影の動きを参考にするとよい。そこには、色相の自然な連鎖がある、とした。
c. **共通性の原理**：共通性の側面または性質をもっている色の集団は、その共通性の範囲内で調和的とするものである。色は多かれ少なかれ似ているという原理であり、構成色間の属性（色相、明度、彩度）において、何らかの共通性、類似性がある配色は調和しやすいとするものであり、ほとんどの色彩調和理論で取り上げられている。
d. **明瞭性の原理**：構成色間の関係があいまいでなく、明快であれば調和する。

5-3　日本の色彩調和論の流れ

　日本における色彩調和論を見る前に、色彩教育の流れに少しふれる。
　色彩を初めて教育のテーマとして取り上げたのは、明治の学制発布（明治5年1872年）に遡るようである。1873年に師範学校（後の東京教育大学、現筑波大学）が発表し、文部省が支持した小学校教則案下級小学校科目「問答」の第7級（小学4年生相当）で「色の圖」を扱っている。そしてこの教師用テキストとして数種類が出版され

た。そのひとつ『色圖問答：學校必用』（家原政紀, 1876）[16]は、色刷りで、光のスペクトル、光の混色理論が前半部分で説明され、後半部分は問答形式で書かれた手のひらサイズの小本であるが、日本で色彩を解説した最も古い書といわれている。

現在、色彩は、中学校では美術の中で、高等学校では選択必修科目「芸術」の中の美術で取り上げられている。専門学校、大学等では、教養科目あるいは専門科目の授業科目として色彩学を開設する学校、大学等がある。

色彩関連の本としては、塩田力蔵『色の調和』（1892）[17]もあるが、日本で色彩学の最初の本といえるのは、矢野道也（1876-1946）の『色彩學』（1907）[18]であろう。その第十二章「配色法の一斑」には、「配色法も単一なる理のみにては推す能はずして、之を見る人の習慣、其周圍の境遇教育の程度、其の國民の風俗、其他無意識的に行はるゝ諸般の原因、相錯綜して始めて快不快の判断を來すものなるが如し。」とし、調和する組合せの個人差、国による違いを述べている。また、ブリュッケ、シュヴロール、ルード、チャーチ、ワードらの種々の2色の組合せをあげて、組合せの結果、調和を得るかどうかをまとめた。さらに3色の組合せについての考察も加え、「天然の動植物界に於て夥く觀察するを得べし。専問的に取り調ぶるを要する人は、シュヴロール氏の配色論を熟讀せられんことを希望す。」としめくくった。

濱八百彦は、『色彩概論』（1928）[19]第十章「色彩の好惡及配色法」で、「配色法の意味は、変化と統一に帰着せしめる事が出来る。」として、反対色、近似色、そしてその中間色の配合の場合があり、いずれが適するかは時と場所と目的、背景そして照光により異なると述べ、色彩から生じる感情や美に関する考えを残した。

星野昌一は、『色彩調和と配色』（1957）[20]の序で、「わたくしがかねて主張してきた物の見え方は明度に支配されるという原理は色彩

調節の根本をなすものであり、色彩調和もまた明度配置の適正さからおこるという考え方はグレーブスの説くところと一致し、この理論を建築、機械、設備、家具、衣服、食物などに応用して、快適な環境を作り出すのに役立てたい。」として、便宜上まず色相、明度、彩度の3要素に分けて、色彩調和論を展開した。

　色彩調和とは、2色以上の配色に秩序を与えること、また変化と統一、多様性と秩序という、相反する要素を矛盾や衝突がおこらないように調和させることと理解されている。シュヴルールの調和論を基にした、現在日本でよく用いられている調和形式の分類例を次に示す（福田, 1996）[21]。

[色彩調和の形式]
　①同一の調和　a. 色相が同一の調和　b. トーンが同一の調和
　②類似の調和　a. 色相が類似の調和　b. トーンが類似の調和
　③対照の調和　a. 色相が対照の調和　b. トーンが対照の調和

　次に、日本の色彩調和感の諸研究を以下にみていく。
　細野尚志（1954）[22]は、「造型上の調和とは本来綜合的な感覚である。そういう造型上の綜合的観点からする色は常にある材質を、形体をともない、その面積関係や配置のバランスなどを切り離しては考えられない。したがってその場合の調和は常に色と他の造形要素との相互関係に於いて綜合的に把握されるべきである。」とした上で、一応色だけを他の造型上の諸問題と切り離して考えるとして調査研究を始めた。
　神作順子（1963）[23]は、色差により組織的に選んだ39組の2色配色について20尺度を用い、SD法（4-4参照）により色彩感情の分析を行い、次の結果を得た。

1. 調和感との相関が常に高いのは、気持のよさの因子が大きい尺度である。
2. 調和－不調和では、明度差が大になるほど調和度が増すが、色相差、彩度差では一定の傾向は見られず、ムーン・スペンサーの色彩調和理論の調和不調和領域とは、必ずしも一致しない結果となった。

森・納谷・辻本・池田・難波（1966）[24]は、102組の2色配色を用いた大規模な実証研究により、ムーン・スペンサーの理論の検証を行い、その妥当性に疑問を投げかけ、特に明度差ΔVと彩度差ΔCの正負方向の相互関係が重要であるとし、独自の調和範囲を示した（図5-6、図5-7：配色選定図（1）、（2））。配色選定図（1）は、$\Delta V - \Delta C$面を示し、ΔVとΔCにおいて、調和範囲が左右（正負）非対称かつ点対称が特徴であり、ΔVとΔC間の±方向が逆の第2・第4象限で調和域が広い。配色選定図（2）は、$\Delta H - \Delta V$面であり、円周は色相差ΔHを示し、円の内から外に向けてΔVが大となる。円の最外斜線部分が良調和域（領域Ⅰ）、その内側の白抜き部分が中間調和域（領域Ⅱ）、最も円中心に近い斜線部分が不調和領域（領域Ⅲ）であり、ΔVが3.5ないし4.5以上ではすべての色相差ΔHで調和域であることを示す。また森らは、「重要度が高い図は$\Delta V - \Delta C$選定図の方であって、$\Delta H - \Delta V$選定図は参考程度である。本配色選定図および本論文の結論は多くの人の平均的な調和感覚であり、特定の個人については多少のずれがあるかもしれない。」とし、さらに、ムーン・スペンサーの配色選定図と比較し、「明度差が小さい場合ほとんどの彩度差の関係で不調和となる。$\Delta V - \Delta C$平面図において、座標軸に関して対称型にならない。」と述べている。

ムーン・スペンサーの調和論は、森らならびに後出の伊藤（2001[25], 2004[26], 2011[27]）の研究結果とは一致しない。しかし、科学的な態度で

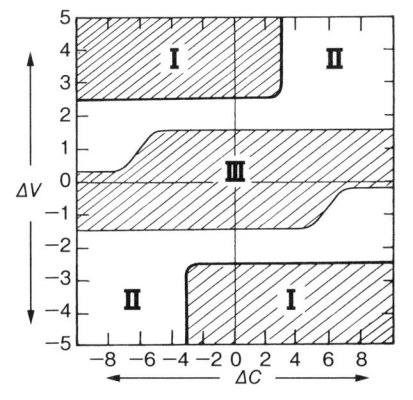

図 5-6　配色選定図（1）$\Delta V - \Delta C$ 面（森ら, 1966）[24]
明度差 - 彩度差の選定に使用する。
　領域〔I〕：比較的良調和の得やすい領域
　領域〔II〕：中間調和域
　領域〔III〕：比較的不調和となりやすい領域

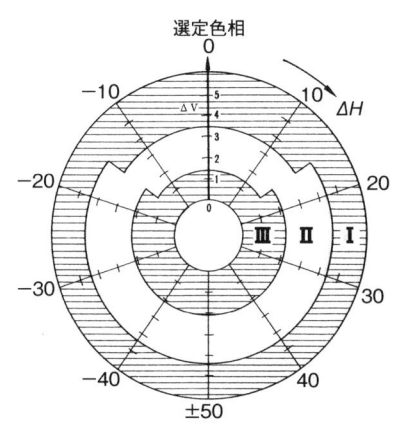

図 5-7　配色選定図（2）$\Delta H - \Delta V$ 面（森ら, 1966）[24]
明度差 - 彩度差の選定に使用する。
　領域〔I〕：比較的良調和の得やすい領域
　領域〔II〕：中間調和域
　領域〔III〕：比較的不調和となりやすい領域

第 5 章　配色の考え方と色彩調和論の流れ

色彩調和を定量的に扱った最初の調和論として評価される。

　細野（1974）[28]は色彩調和体系の構成に向けて、配色の感情効果を、配色構成単色のそれぞれの感情効果の合成にどれだけ還元できるかを試みている。

　林・矢部（1974）[29]は、「赤・紫系が調和しにくい。類似色相配色が調和とみられている様相が出ており、大きく異なる色相、あざやかなコントラストといったものは調和しにくいと判断されている様相が出ているといえよう。」と述べた。

　富家（1974）[30]は、二色配色の評価と単色の評価との関係について、構成単色の合成値（2単色の和）からある程度の精度で配色尺度「好きおよび調和」を予測することができ、特に寒色系色相と無彩色の構成単色との相関が高く、紫系と赤系の色相は相関がない、と述べた。伊藤・大山（2005）[31]による異色相配色の調査結果では、黄色が他の色相と最も調和が得やすく、赤が最も調和が得にくかった。

　伊藤（2004, 2011）[26][27]、伊藤・大山（2005）[31]は、配色の最も基本である2色配色について、系統的に選出した多種類の2色配色を用い、2色配色から得る色彩調和と色彩感情についてSD法を用いて多面的に検討した。2色を構成する2色の明度差ΔV、彩度差ΔCを求め、$\Delta V \geqq 0$とした場合のΔV、ΔCを、それぞれ縦軸、横軸にとって各配色を図上にプロットし、各配色が第一象限、第二象限のいずれに入るかを「調和」について求めた。その結果、同一色相配色、無彩色と有彩色の配色においては、調和する配色は、2色を構成する明度、彩度を比較した場合、高明度／低彩度と低明度／高彩度の配色の場合が多かった。それは、$\Delta V \geqq 0$とし、ΔCを＋、－に図示した場合、第二象限に相当した（図5-8参照）。また、この明度差ΔV－彩度差ΔCの2次元図の適用を他の色彩感情にも広げ、「調和」だけでなく、第二象限に、「スポーティ」「シンプル」「ゆるんだ」なども多く分布することを見出した。異色相配色においては、色相

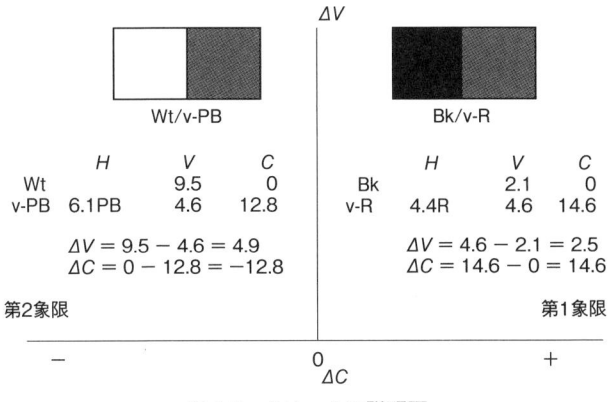

```
                                    ΔV
          ┌─────┬─────┐              ┌─────┬─────┐
          │     │▓▓▓▓▓│              │█████│▓▓▓▓▓│
          │     │▓▓▓▓▓│              │█████│▓▓▓▓▓│
          └─────┴─────┘              └─────┴─────┘
           Wt/v-PB                      Bk/v-R

              H      V     C              H      V     C
        Wt          9.5    0         Bk         2.1    0
        v-PB 6.1PB  4.6   12.8       v-R  4.4R  4.6   14.6

           ΔV = 9.5 − 4.6 = 4.9         ΔV = 4.6 − 2.1 = 2.5
           ΔC = 0 − 12.8 = −12.8        ΔC = 14.6 − 0 = 14.6

     第2象限                                        第1象限
   ─────────────────────────────0──────────────────────────
     −                          ΔC                        +
```

図 5-8　ΔV − ΔC 説明図

差 $ΔH$ を小・中・大（順に 0 〜 15 まで、35 まで、50 まで）に分けると、色相差 $ΔH$ が小さい場合は、調和のよい配色は第二象限に有意に偏ったが、色相差 $ΔH$ が大になるにつれて、明度差 $ΔV$・彩度差 $ΔC$ が原点に近づく傾向が見られた。

　ここで、図 5-8 について解説する（図中の左の配色は Wt/v-PB、右の配色は Bk/v-R）。各色の HV/C から、配色を構成する 2 色の明度差 $ΔV$、彩度差 $ΔC$ を求める際に、$ΔV$ が必ず＋の値になるように、2 色のうち高明度色の明度・彩度から、低明度色の明度・彩度を差し引くと、$ΔC$ は＋か−の値になる。各 $ΔV$、$ΔC$ を算出した結果の、$ΔC$ が＋側に入る第 1 象限の例：Bk/v-R の配色と、$ΔC$ が−側に入る第 2 象限の例：Wt/v-PB の配色を示している。

　異色相配色について、調和とともに、派手な、スポーティ、緊張した、ゴージャス、好きな、の各標準得点の平均値を縦軸にとり、色相差 $ΔH$ を横軸にとった結果を図 5-9 に示す。調和に関しては、$ΔH$ が 5 〜 15 つまり類似色相配色で評価が高く、色相差が大になるにつれて評価が下がることが示されており、対照色相間の調和は認め難い。

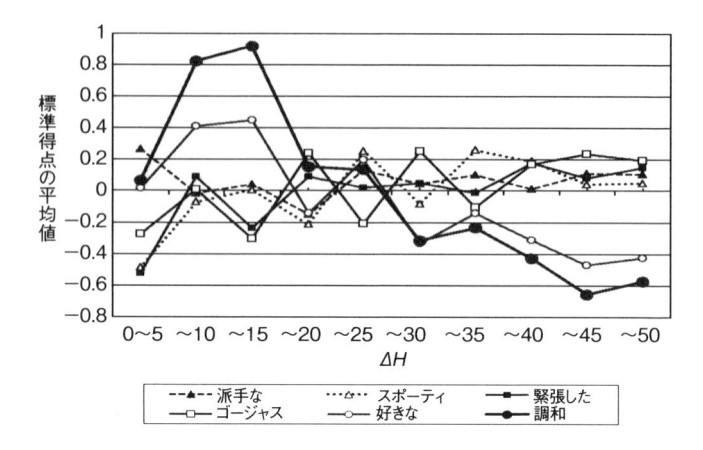

図 5-9　異色相配色における各尺度に及ぼす色相差の影響

凡例：派手な、スポーティ、緊張した、ゴージャス、好きな、調和

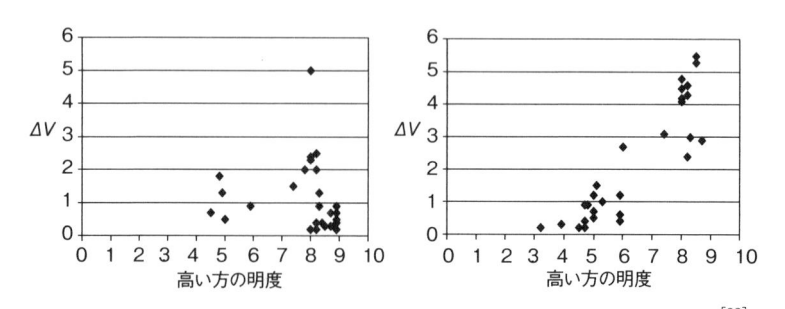

図 5-10　異色相2色配色における高い方の明度と明度差との関係（伊藤, 2009）[32]

［注］上図の左は調和上位10％の配色、右は調和下位10％に入った配色を示す。

図5-10は、異色相2色配色の「調和」（上位10％：29配色、下位10％：31配色）について、2色の明度に関して、高い方の明度を横軸にとり、明度差を縦軸にとったものである。[32] 調和（左図）の配色は、明度差が小さい高明度同士の配色が多く、一方不調和（右図）の配色は、明度差大の配色と、中明度同士の配色が比較的多いことが示された。

　林らも指摘しているが、類似色相配色において調和が認められるものの、対照色相配色の調和は認められなかった。一方、西欧の歴史的調和論では反対色の調和を強調する。日本と西欧では色彩調和に関する考え方が違うのか、捉え方が違うのかどうかをはじめ、今後に課せられた課題は多い。類似色相配色に見られる調和は、近似色（同一色相・類似色相）を用い、普段自分自身がくつろぐことを目的とする調和であり、一方対照色相配色に見られる調和は、他者に積極的にアピールする場合の調和であり、広告や舞台衣装、勝負服などがあげられよう。使用目的（T.P.O）により、どちらに重きを置くかで調和の組合せは異なるであろう。80年程前の濱（1928）[19]の文中にも、類似の意味の記述があることは興味深い。

【参考文献】

[1] 大井義雄・川崎秀昭（2008）『色彩：カラーコーディネーター入門　改訂増補版』日本色研事業株式会社, p.49.

[2] 東京商工会議所編（2011）『カラーコーディネーター検定試験　3級公式テキスト（第4版）カラーコーディネーションの基礎』中央経済社, pp.71,73.

[3] 日本ファッション教育振興協会（2007）『ファッション色彩Ⅱ』文化出版局, p.98.

[4] 福田邦夫（1996）『色彩調和論』朝倉書店, p.12.

[5] Newton, I.（1721）*Opticks*, 3rd ed.（島尾永康訳（1983）『光学』岩波文庫, pp.307-308.）

[6] Goethe, J. W.（1810）*Zur Farbenlehre*.（高橋義人・前田富士男訳（1999）『色彩論　第一巻』工作舎, pp.273, 288-296.）

[7] 宇田川千英子（2003）「ゲーテの色彩調和論」日本色彩学会編『色彩用語事典』東京大学出版会, p.166.

[8] Chevreul, M. E.（1839）*De la loi du contraste simultané des couleurs et de l'assortiment des objets colorés, considéré d'après cette loi*.（Birren, F.（1987）訳、*The principles of harmony and contrast of colors and their applications to the arts*. Schiffer Publishing.）

[9] 福田邦夫（1998）「Chevereulの色彩調和論」日本色彩学会編『新編色彩科学ハンドブック［第2版］』東京大学出版会, p.704.

[10] 宇田川千英子（2003）「オストワルトの色彩調和論」日本色彩学会編『色彩用語事典』東京大学出版会, p.85.

[11] Moon, P. & Spencer, D. E.（1944a）Geometric formulation of classical color harmony. *Journal of the Optical Society of America*, *34*, 46-59.

[12] Moon, P. & Spencer, D. E.（1944b）Aesthetic measure applied to color harmony. *Journal of the Optical Society of America*, *34*, 234-242.

[13] Moon, P. & Spencer, D. E.（1944c）Areas in color harmony. *Journal of the Optical Society of America*, *34*, 93-103.

[14] 緒方康二（2003）「ムーン‐スペンサーの色彩調和論」日本色彩学会編『色彩用語事典』東京大学出版会, p.452.

[15] Judd, D. B. & Wyszecki, G.（1963）*Color in business, science, and industry*. 2nd ed., Wiley.（本明寛監訳（1964）『産業とビジネスのための応用色彩学』ダイヤモンド社, pp.389-399.）

[16] 家原政紀（1876）『色圖問答：學校必用』滋賀新聞會社

[17] 塩田力蔵（1892）『色の調和』学齢館

[18] 矢野道也（1907）『色彩學』博文館, p.223.

[19] 濱八百彦（1928）『色彩概論』丸善, p.365.

[20] 星野昌一（1957）『色彩調和と配色』丸善, pp.34-84.

[21] 福田邦夫（1996）『色彩調和論』朝倉書店, p.34.

[22] 細野尚志（1954）「カラーハーモニーの研究（1）」『色彩研究』 *1*, 2-18.

[23] 神作順子（1963）「色彩感情の分析的研究：2色配色の場合」『心理学研究』 *34*, 1-12.

[24] 森 伸雄・納谷嘉信・辻本明江・池田潤平・難波精一郎（1966）「2色配色の調和理論」『人間工学』 *2*, 2-14.

[25] 伊藤久美子（2001）「服装における色彩調和に関する研究：色彩感情からみた配色」『日本色彩学会誌』 *25*, 183-192.

[26] 伊藤久美子（2004）「同一色相内の二色配色の感情効果」『日本色彩学会誌』 *28*, 3-15.

[27] 伊藤久美子（2011）「若年女子における無彩色を含む2色配色の感情効果」『デザイン学研究』 *57*(5), 61-70.

[28] 細野尚志（1974）「色彩調和体系の構成への展望」『色彩研究』 *21*, 28-35.

[29] 林知己夫・矢部和子（1974）「色彩調和研究の方法的諸問題と色彩調和空間の構成」『色彩研究』 *21*, 3-12.

[30] 富家 直（1974）「二色配色の評価と単色の評価との関係」『色彩研究』 *21*, 19-22.

[31] 伊藤久美子・大山 正（2005）「異色相間の二色配色の感情効果」『日本色彩学会誌』 *29*, 291-302.

[32] 伊藤久美子（2009）「色彩調和と配色」大山正・齋藤美穂編『色彩学入門：色と感性の心理』東京大学出版会, p.113.

第6章　生活・環境と色彩

　この章では、私たちの身の回りにある事象の色彩を取り上げたいが、対象とする物が多すぎて絞らざるを得ない。ここでは、国旗の色、ユニバーサルデザイン、建物の色、服の色、これら4つの項目をみていこう。

6-1　国旗の色と意味について

　国旗は、国家の象徴として制定された旗をいう。ちなみに、colorは、複数形colorsになると国旗の意味ももつ。国籍の印として船舶などに掲げ、また国家の祝祭日や外国への敬意を表す場合に掲揚する。世界中の多くの国旗を目にする機会は、たとえばオリンピック開催時のテレビ映像からかもしれず、昨今の日本では、元旦はじめ祝祭日に日章旗を掲げている家をほとんど見かけなくなった。
　世界各国の国旗にはどのような色、形が使用されているだろうか。『世界の国情報2013』[1]には、日本が承認している国々と日本を加えた195か国の国旗が掲載されている。その資料をもとに国旗の色、色数等をみていく。
　まず、国旗の外形、図案を見ると、外形は一国（ネパール：直角三角形を縦に2つやや重ねて配置したような形）以外の国はすべて方形であり、図案は、抽象的なものと、太陽、月、星、動物、植物、

器物などを表したものが見られる。各国旗の図案と色には、そこに込められた意味があるが、ここではまず国旗の色を取り上げていく。

　国旗の色は幾色が使用されているだろうか。1色使用の国は現在ない（2011年までは唯一リビアが緑一色の国旗であったが、現在の国旗は4色）。2色使用は日本（赤と白）、スウェーデン（黄と青）、ナイジェリア（緑と白）など37か国（19％）、3色使用はベルギー（黒・黄・赤）、フランス（青・白・赤）、ジャマイカ（黄・緑・黒）など76か国（39％）、4色使用はパプアニューギニア（白・黄・赤・黒）、ガーナ（黒・黄・赤・緑）など51か国（26％）、5色使用はアンティグア・バーブーダ（黒・黄・青・白・赤）など28か国（14％）、6色使用は南スーダン（白・黒・黄・赤・緑・青）など3か国（1.5％）であった。3色使用が最も多く、次いで4色、2色使用の順である。

　また、国旗に使用される各色別に、使用している国の数とその割合（カッコ内％）を小さな模様の色も含めてすべて調べてみると、赤：149（76％）、白：143（73％）、黄：93（48％）、緑：91（47％）、青：89（46％）、黒：53（27％）、水色：14（7％）、橙：7、焦茶：7、黄緑：5、灰色：2、となった。およその数として捉えてほしいが、世界中の国旗には赤が最も使われていた。国旗という性質上、高彩度で誘目性の高い色の使用頻度が高く、色の基本である上記6色にほぼ絞られた。紫はなぜか登場しない。

　また、国旗の色から、各々の国の自然・歴史・宗教・文化・国民性そして願望、その色を選んだ根拠等を知ることができる。国により国旗の色が表す意味は異なるが、それらをまとめると、およそ次のようになる。

　　赤：革命・独立にまつわる戦争と勝利、忠誠・犠牲・勇気、国家建
　　　　設・国土、愛・情熱・名誉・自由等、しかし日章旗は朝日を表す。
　　白：平和・友情・平等、雪・氷河、信仰心などを表す。

青：河川湖海・水資源、空、平和・自由・献身・忠誠心などを表す。
　緑：植物・天然資源・農業・国土、イスラム教、希望・進歩・団結などを表す。
　黄：太陽・光、黄金などの鉱物資源、真理・努力・友情などを表す。
　黒：国民、黒人、力、勤勉などを表す。

　ここで、日本の国旗（法律上は日章旗、一般には日の丸と呼ばれる）について説明する。

　江戸時代に幕府船の標識に使われ、幕末には日本船の印となった。明治政府もこれを引き継ぎ、1870年（明治3）太政官布告で商船規則を制定し、旗の規格を定めた（布地は白色の長方形で、縦横の比率は横を100とすれば縦は70。日章は赤で、その直径は縦の5分の3。日章の上下のあきは等しくし、日章の中心は旗面の中心より横の100分の1だけ旗竿側に近寄る）。

　それ以降、実質上国旗として使用されていたが、1999年（平成11年）8月13日施行の国旗国歌法により正式に国旗として定められた（旗の形は縦が横の3分の2の長方形で、日章の直径は縦の5分の3で中心は旗の中心）。地色は白、日章は法律では"紅"となっており、その色はJIS慣用色名では"代表的な色記号：3R4/14"であるが、実際には金赤（9R5.5/14）が使われることが多い。

　さて、2020年、東京での夏季オリンピック・パラリンピックの開催が決定した。前回（1964年）の東京オリンピック五輪マークの色の基準色は、青：1PB 4/11、黄：3Y 8/14、黒：N1、緑：3G 5.5/9、赤：6R 4/15、であったというが、2020年ははたしてどのような色が基準色となるであろうか。

6-2　カラーユニバーサルデザインとは

　カラーユニバーサルデザインの説明に先立ち、ユニバーサルデザインについてみておく。

　ユニバーサルデザイン（Universal Design: UD）は、ノースカロライナ州立大学ユニバーサルデザインセンター所長であったロナルド・メイス（Ronald Mace: 1941-98）が、1985年に公式に提唱した概念であり、"できるだけ多くの人が利用可能であるようなデザインにすること"を基本コンセプトとする。文化・言語・国籍の違い、老若男女の差異、障害・能力の如何を問わずに利用できる施設・製品・情報の設計（デザイン）のことをいい、デザインの対象を、障害者に限定していない点が一般にいわれる「バリアフリー」とは異なる。

　ユニバーサルデザインの7原則（The Center for Universal Design, NC State University より）をあげると、次のようになる。

1. どんな人でも公平に使えること。
2. 使う上で自由度が高いこと。
3. 使い方が簡単ですぐにわかること。
4. 必要な情報がすぐにわかること。
5. うっかりミスが危険につながらないこと。
6. 身体への負担がかかりにくいこと（弱い力でも使えること）。
7. 接近や利用するための十分な大きさと空間を確保すること。

　ユニバーサルデザインの具体例には、次のようなものをあげることができる。

- 「安全」に配慮された自動ドア、エレベータ、ホームドアなど。
- 障害者向けの開発から劇的に一般に普及した典型である温水洗浄便座。
- トイレや浴室で使用する「インテリアバー（Interior Bar: 手すり）」。
- 細かい字が読めなくなった人のために触ることで識別できるよう工夫された道具類。
- 外国人向けの各種表示に、文字の代わりに絵文字（ピクトグラム）を使うこと。
- パソコンの操作をキーボードやマウスだけでなく他の入力手段に対応させること、パソコンの画面表示を見やすく工夫すること。
- 洗髪時は目を閉じているので他のボトルと区別するための印をつけたシャンプーボトルなど。

　さて、カラーユニバーサルデザイン（Color Universal Design: CUD）とは、色の見え方が一般と異なる（先天的な色覚異常、白内障、緑内障など）人にも情報がきちんと伝わるよう、色使いに配慮したデザインをいい、NPO法人カラーユニバーサルデザイン機構（Color Universal Design Organization: CUDO: クドー）がつくった名称である。一般名称として、カラーバリアフリーという呼び方も使われている。

　日本の小学校では、かつて全児童を対象に石原表を用いた色覚検査が行われていた。1994年以降、色覚検査は4年次に1回だけとなり、2003年度より定期健康診断の必須項目から削除され、色覚異常をもつ人も国立大学の理科系学部への入学が可能となり、公立・私立大学も追随し、大学入学の制限がほとんどなくなった。一方、コンピュータの技術躍進でカラー化が進み、テレビにおける天気予報図、選挙特番の画面スーパーなどでは色分け表示が多用され始めていたが、色覚異常をもつ人への配慮はなされていなかった。

2001年夏、伊藤啓と岡部正隆が、科学者を対象に「色覚バリアフリー／カラーユニバーサルデザイン」の啓発活動を開始した。本人も色弱者である伊藤が、「緑と赤ではなく、緑とマゼンタを使って蛍光顕微鏡の写真を提示してほしい」と学会などで主張したことが活動発端のひとつとなり、2004年10月8日、「NPO法人カラーユニバーサルデザイン機構（CUDO）」の設立となった。
　CUDO は新しい色覚分類用語として、C 型、P 型、D 型、T 型、A 型の色覚型を提唱している[2]。
　日本人の血液型は、A 型の人が約4割、O 型が3割、B 型が2割、AB 型が1割存在しているが、血液型は人間の多様性のひとつであり、どの血液型が正常でどれが異常と呼るものではない。これと同様に、CUDO が提唱する色覚分類用語の色覚型も、各自がもつ遺伝子のタイプによって決まるのであり、どの色覚が正常でどれが異常というものではない。最先端のゲノム生物学の研究成果では、人間がもつ約3万個の遺伝子はどれも非常に多様なタイプがあり、そのうちのひとつを「正常」と呼ぶことはできないということが定説になりつつある。この流れに従い、従来のように色覚を「正常」と「異常」に分けるのをやめ、どの色覚も価値判断なく対等に分類するために C、P、D、T、A の5種類の名前で呼び（P と D はさらに強と弱に分かれる）、このうち人数が多い C 型は、「正常」でなく「一般」色覚者と呼び、残りを「色・弱者」（すなわち C 型色彩情報コミュニケーション社会における弱者）と呼ぶことを CUDO は提唱している。つまり以下に示すとおりである（詳細は文献を参照のこと）[2][3]。

> P 型（1型色覚：Protan）：P 型強度は赤い光を主に感じる L 錐体（赤）がない、弱度は L 錐体の感度が M 錐体（緑）側に寄っている。
> D 型（2型色覚：Deutan）：D 型強度は緑の光を主に感じる M 錐体がない、弱度は M 錐体が L 錐体側に寄っている。

T型 (3型色覚:Tritan):青い光を感じるS錐体がない。
A型:錐体を1種類しかもたないか、錐体が全くなく杆体しかもたない。

日本人男性の5%、女性の0.2%（欧米では男性の8〜10%、女性の0.5%）がP型あるいはD型の色覚をもつといわれ、赤みの違いに鈍感な一方、青みの違いや明暗の弁別には敏感で視力には変化がない。またT型、A型の色覚をもつ人は、どちらも十万人に1人以下の割合でいるといわれる。

カラーユニバーサルデザインの対象者は、次に示す3つの現象をもつ人で、色の見え方が一般色覚者（日本人の場合、男性約95%、女性の99.8%）と大きく異なる。

1. **色弱者**:一般色覚者と色の感じ方が異なる人で一番多いのは、色弱者（色覚異常・色弱・色覚特性とも称される）といわれる人たちである。色弱者は、錐体の感度特性を決める遺伝子の変異による、P型、D型、T型、A型の人である。色弱者は、日本では男性の20人に1人、女性の500人に1人、日本全体では300万人以上といわれる。世界では2億人を超える人数で、血液型にたとえるとAB型の男性の比率に匹敵する。これらの人々は、視力（目の分解能）は普通と変わらず細かい物まで十分見えるが、一部の色の見え方が一般色覚者と異なる。一方、色が全く見分けられず、色の違いを明暗でしか感じることができない人も数万人程度存在する。

2. **老化に伴う目の疾患**:老化（白内障など）に伴う目の疾患によって、視力が低下し色の見え方が変化する人たちが存在する。白内障の日本国内の患者数は140万人を超え、その数は65歳以上の約5.6%を占め、高齢化社会の進行に伴いこの人数は増える傾向

にある。白内障では、水晶体が黄色く濁るために長波長の光を通さなくなり、紫から青が暗く見え、また視野全体が黄色く濁るために白と明るい黄色との区別ができにくくなり、視力も低下する。

3. **網膜の疾患**：緑内障、糖尿病性網膜症、網膜色素変性症、未熟児網膜症などの疾患で視力が低下する、いわゆるロービジョンと呼ばれる人たちが存在する。網膜の疾患では、視細胞が減少して最悪の場合は失明となるが、その前にもともと数が少ないS錐体が最初に全滅してしまう。短い波長を感じるS錐体がないためT型に近い見え方となり、色弱とは逆に青みの違いに鈍感である。これらの疾患は人によって程度に差があり、見え方の個人差が大きいのが特徴であり、日本では軽度から失明まで合わせると、推定で数十万人いると眼科医は推計している。これらの人に対しては視力の低下に加え、色の見え方やコントラストの程度などに配慮が必要となる。

CUDOは、「カラーユニバーサルデザイン3＋1原則」として次の点をあげている。

1. 色だけでなく、形の違い・位置の違い・線種や塗り分けパターンの違いなどを併用し、利用者が色を見分けられない場合にも確実に情報が伝わるようにする。
2. 実際の照明条件や使用状況を想定して、どのような色覚の人にもなるべく見分けやすい配色を選ぶ。
3. 利用者が色名を使ってコミュニケーションすることが予想される場合、色名を明記する。

＋1：その上で、目に優しく、見て美しいデザインを追求する。デザイン段階での手間は若干増加するが、製品・施設の製作コスト自体は従来と変わりないとのことである。

また、CUDOが提唱するカラーユニバーサルデザインの3つのポイント（2011.5.26）は、a. できるだけ多くの人に見分けやすい配色を選ぶ、b. 色を見分けにくい人にも情報が伝わるようにする、c. 色の名前を用いたコミュニケーションを可能にする、ことである。
　「カラーユニバーサルデザイン認証」に適合したとされる商品などには、認定機構のCUDOから認定マークが与えられる。「認証」を受けた例としては、色弱者も区別できるように開発した3色（青／緑／橙）のLED（発光ダイオード）、グリーンのレーザーポインター、ダストレス・アイ・チョークなどがある。他には、某教科書メーカーでは、模様・形による区分や実線・破線に分けるなど色調の違いのみに依存しない工夫をしている。また、鉄道会社などの公共機関では、複数の色を用いた掲示において、1：黒、2：オレンジに近い赤（濃い赤だと黒と混同）、3：明るめの青（濃い青は黒と混同）、4：青みの強い緑（一般的な緑と赤の混同の回避）の順に色を用いるなど、時刻表や路線図等に「色覚バリアフリー」を導入し始めている。
　「口絵4　色のシミュレーション」の写真は、筆者がシミュレーションソフト（「色のシミュレーション」）で、リンゴ、柿、レモン、キウイ、ピーマン、キュウリ、ニンニクを皿に盛り、同じ物を撮った4枚の写真である。これら4枚は、どの部分が違うであろうか。

　　上左側の図：C型（一般型色覚）の人の見え方
　　上右側の図：P型（1型2色覚）の人の見え方
　　下左側の図：D型（2型2色覚）の人の見え方
　　下右側の図：T型（3型2色覚）の人の見え方

　同じ物を見ていても、この写真のように、遺伝子のタイプの違いなどにより、見え方が違ってくる。P型、D型では、赤いリンゴ、橙色の柿が、緑のピーマン、キュウリとあまり色みの違いがなく、

T型は、黄色いレモンが白とはっきり区別がつかない。C型の一般色覚者は、P型・D型・T型の人がどのように物の色が見えているかを知ることができないので、この写真を参考までに載せた。

　先日D型色覚者と食事をした際、料理に出てきたカキフライとレモンとレタスの色の区別がつかない、とその人は言った。生来ずっとその状態で物の色を見ているため、一般色覚者がどのように見えているのかを知ることができず、形や材質感でそれらを区別しているという。このように、さまざまな色覚をもった人たちが同じ社会で生活する現実を知っておこう。現在では、シミュレーション体験フィルターやさまざまなソフトも販売されている。

6-3　建物室内と外部の色、スマーフ村

　建物室内と建物外部の色彩にはどのような色が使われているであろうか。
　ここで取り上げる実態調査[4][5]は、1960年代のデータであるが、大規模でかつ、現在でも十分通用する内容であるため、その文献をもとにみていこう。
　まず建物室内の色彩調査の結果を示す。この調査は、東京の映画館ロビー、ホテル（ロビー、食堂、個室）、病院（診察室、病室、手術室）、小・中学校教室、住宅居間、アパート住居単位など10種の室内（各20〜30室）合計281室における色彩調査であり、色数総数は、天井、壁、幅木、床、扉、建具など建築部分のみ、2139である。建物内部色彩の総合計に対する頻度を色相、明度、彩度別にまとめた結果を図6-1に示す。
　色相は10YR付近がピークとなり5YR〜5Yの木肌色が38％を占め、明度は8がピーク、彩度は2がピークで次が0（無彩色）で

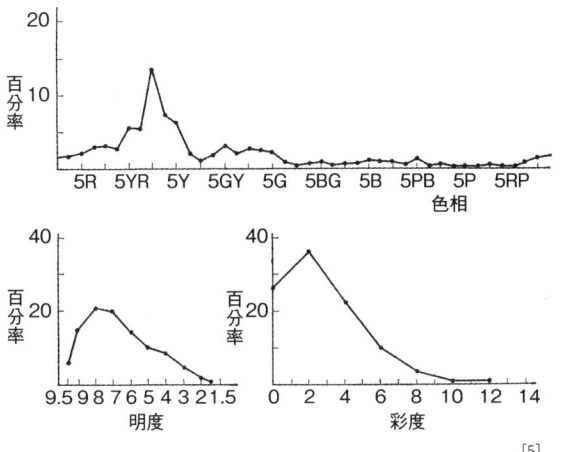

図 6-1 建物室内の色相、明度、彩度別頻度（乾, 1976）[5]

あった。この図より建物室内の色彩には明らかな特徴がみられ、色相は暖色系で、高明度、低彩度ということができる。ただし、詳細にみると、病院（診察室、病室、手術室）の色彩は総計からの差異が大きく、病室は総計の傾向に近いが、診察室の色相は 5GY、手術室の色相は 10GY が最も頻度の高い結果であった。概して、室内の種類は違っても色彩の傾向は同じであったことは興味深い。

さらに、建物室内の天井、壁、床の部位別に色彩頻度をまとめた 3 図を次に示す（図 6-2 ～ 6-4）。

明度のピークを見ると、天井では 9、壁では 8、床では 4 と、建物室内の上部から下部にいくにつれて明度が下がる。色相のピークはいずれも 10YR と同じであり、彩度のピークは天井では 0、壁と床では 2 であった。

次に、無彩色を含めた全色の出現頻度を、天井、壁、床の部位別に示す。天井は N9.0, N9.5 が圧倒的に多く次いで N8.0, N7.0 となり、第 4 位まですべて無彩色である。壁は、N9.5, N9.0, N7.0 と続き、

第 6 章　生活・環境と色彩

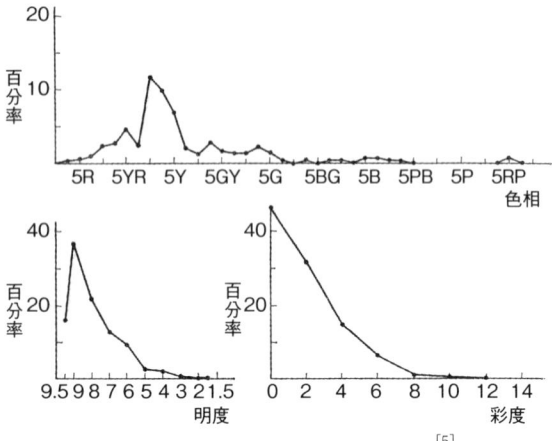

図 6-2　天井の三属性別頻度（乾, 1976）[5]

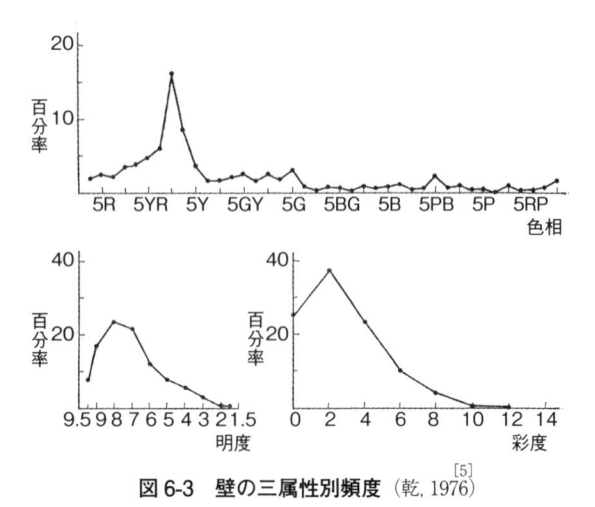

図 6-3　壁の三属性別頻度（乾, 1976）[5]

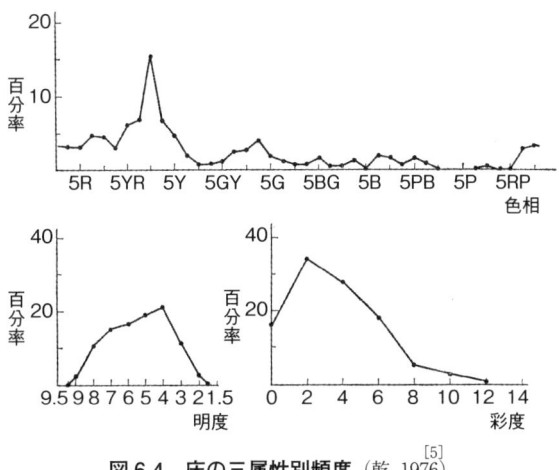

図6-4　床の三属性別頻度（乾, 1976）[5]

　第4位に有彩色の2.5Y8/4がくる。天井と壁には、圧倒的に無彩色のN9.5, N9.0が多い。床は、N4.0, N3.0、次に2.5Y7/2, 5Y7/1, 10YR6/2, 10YR 6/4, 10YR 5/4, 10YR 4/4となり、床の色彩は特に多種である。

　最近の室内色彩に関するWebアンケート調査においては、天井・壁の色はいずれもほぼ白で仕上げ材は壁紙・クロス張りの素材、床はブラウン系で仕上げ材は木材フローリングがほとんどという結果であった。[6]

　ここでひとつ、保育室の色彩について紹介したい。木村は、50年ほど前に「保育室の色彩」と題する報文を発表した。[7]その中から抜粋してみると、「保育室の色彩調節は幼児のためにするということ。床も含めて室内の色彩調節を考えるとき、色彩調和や物の明視の点からも、明度とか明度差が一番大きなファクターになる。室内の各部V/C（明度／彩度）は、天井9/1、壁面8/2、腰羽目6/3、巾木4/4、床面6～7/2～3などで、まず明度を決め次に彩度を決める。建物の上から下へ次第に明度は下がり、逆に彩度は上がる。また、

面積の大きなところの V は大で C は小とし、次に色相であるが、保育室はどのような雰囲気をもつのが最も望ましいかというと、明るく暖かく楽しい気分をだせる色相を用いるとよい。また、一室内で使う色の種類、とりわけ色相の数をどの程度に止めるか、色数があまり多いのは望ましくなく、同一の色相で 2 つか 3 つの色を使うとすっきりする。」という。口絵 5 は、某保育園の新築した室内写真である。ペールトーンのドアや戸棚、天井も明度が高く淡い色で、全体としてうすくて暖かく、明るい室内とし、おもちゃや遊具にあざやかな色が見られ、木村の述べているとおりである。

　また、建物の外部の色彩については、建築室内と使用傾向に大差がなく、経年変化も少ないという[8]。1 つの建物外部の色彩は近くでみると地であるが、遠くで見ると図となり周囲の環境を考えざるを得ない。もちろん素材の違いはあるが、建築の外部と室内で一般的に使用される色彩には、50 年位を経ても経年変化はほとんど見られなかった。

　新着の雑誌を見ると、住宅における外壁等広い面積で使用する色の明度は 6.0 〜 8.5 程度にすることを薦め、極端に明るい（明度 9.5 以上）色は周囲と調和しにくく、極端に暗い（明度 3.0 以下）色は近隣に圧迫感を与える可能性があるとの記述があった[9]。

　この節の最後に、「スマーフ村」と題してトピックを 1 つ紹介する。
"青一色のスペイン「スマーフ村」、経済効果絶大で塗り直さず"このような見出しの記事をインターネットでみつけた（2013. 7. 24）[10]。2 年前に小さな青い妖精が活躍する映画「スマーフ」を PR するため、村の建物（教会や役場まですべて）の外壁を青く塗ったスペイン南部アンダルシア地方のフスカル村が、青い村として継続することになったという。プロモーターは 2011 年のイベント終了後に白壁に塗り直すことを約束していたが、同村を訪問するスマーフファンらが後を絶たず、彼らがもたらす経済的効果が大きいことから、住民

は青色のままにしてほしいと要望したという。人口 250 人足らずのフスカルの村長は 7 月 23 日、「2 年前に村が青くなって以降約 21 万人の観光客が訪れ、その流れは止まっていない」とコメントした。小規模の村だから実現可能だったのであろうが、これはまさに色だけで村が活性化された興味深い話題である。

「スマーフ」村の建物の外壁面が青色とは一体どのような色なのか、カラー写真を掲載できないので、色の見当をつけてもらおうと、Wikipedia に掲載されている写真を色見本と照合してみた。[11]その結果、建物壁面の日光に当たっている部分の色はマンセル記号：5PB 7.0/6、その日陰部分は 5PB 6.0/8 が近似であった。屋根の色が肌色～クリーム色であるから、この外壁面が映えているのであろう。

6-4 ファッション雑誌掲載にみる服の色、日常着の色

服の色というと流行色の変遷という内容を期待するかもしれないが、ここでは別の角度から服の色を扱う。

服は身体を包む最も身近な物であるから、服の色は人の心的な何かを表しているのではなかろうか。人の行動は複雑で簡単にわかるものではないが、ファッション雑誌掲載にみる服の色、日常着の色、これら 2 つについて調査結果をここではみていく。

6-4-1 ファッション雑誌掲載にみる服の色

ファッション雑誌掲載の服の色についての調査結果をみよう。[12]

2004 年春、2005 年春・秋の 3 期にわたり、若い女性向け国内ファッション雑誌掲載の服装写真から、12 種の色彩感情に該当する 2 色配色を選び、配色効果を検討した。12 種の形容詞（派手な、

(①：'04春、 ②：'05春、 ③：'05秋）

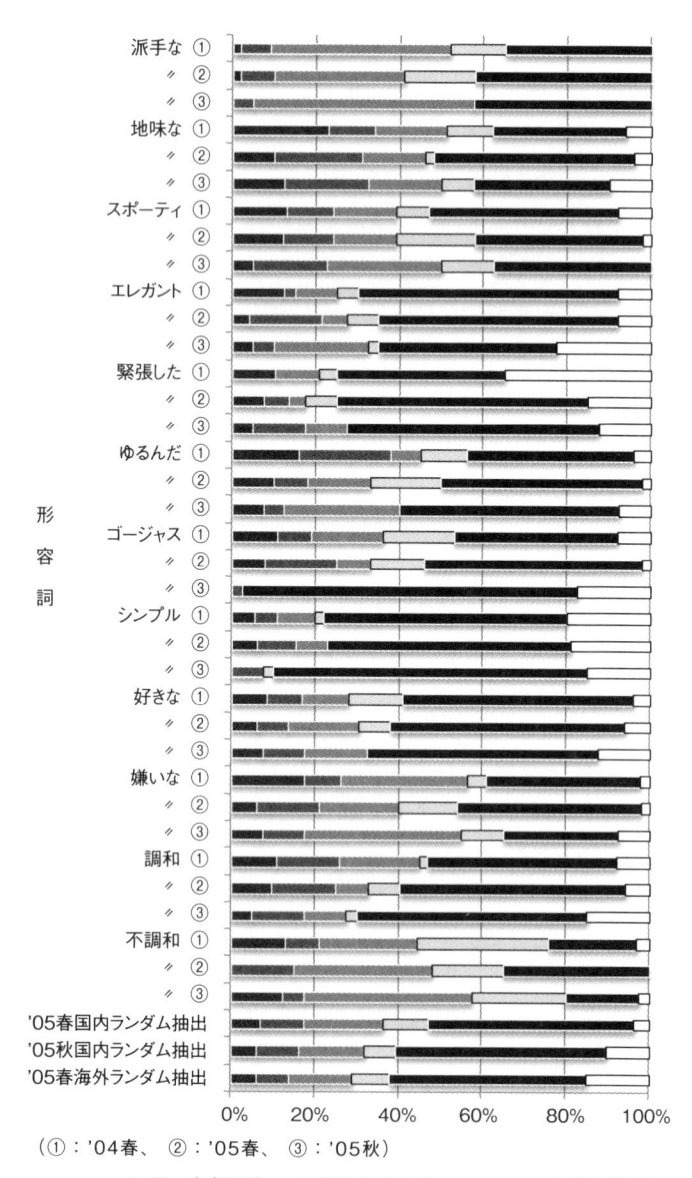

■ 同一色相配色　　■ 類似色相配色　　■ 中差色相配色
□ 対照色相配色　　■ 無彩色と有彩色の配色　　□ 無彩色同士の配色

図6-5　ファッション雑誌から選出した2色配色の12形容詞別配色内容

地味な、スポーティ、エレガント、緊張した、ゆるんだ、ゴージャス、シンプル、好きな、嫌いな、調和、不調和）は、前出4-5の配色カード実験と同じである。また、ファッション雑誌掲載の服装写真の全体的な2色配色傾向を知るため、2005年春・秋の国内雑誌、2005年秋海外雑誌の服装写真からランダム抽出も行った。

各色彩感情を表すとして抽出された2色配色の結果を、図6-5に示す。2色配色の色相について3期の平均値が多い順に列記すると、無彩色を含む配色、中差色相配色、類似色相配色、対照色相配色、同一色相配色、無彩色同士の配色の順となり、無彩色と有彩色の配色が5割弱を占め、無彩色同士の配色を加えると5割を超えた。地味な、スポーティ、エレガント、緊張した、ゆるんだ、ゴージャス、シンプル、好きな、調和は、3期とも無彩色と有彩色の配色が1位となり、選択された配色全体の46％を占めた。また、ランダム抽出の平均値とも近似であった。このことから、服装における無彩色の多用の事実が明白となり、極端にいえば、服装における2色配色のうち、1色は無彩色の白か黒といえる。

また、2色配色のトーン配色について3期の平均値が多い順に列記すると、無彩色と有彩色の配色、対照トーン配色、類似トーン配色、無彩色同士の配色、同一トーン配色の順となり、トーン配色では対照トーン配色が最も多く、特に「派手な」や「不調和」で多くなった。

さらに、全体に出現率の高い単色の色相は、PB, P, B, Wt, Bk、出現率が高いトーンは、dg（低明度・低彩度）、vp（高明度・低彩度）、dl（中明度・中彩度）トーンであった（詳細は参考文献［12］にあたっていただきたい）。

6-4-2　日常着の色

1. よく着る日常着の色

　若者の日常着（Tシャツ、ジャケット等）の色は何色のものが多いか、そしてなぜその色を着用しているのか等について、最近実施した色彩に関する調査結果（2013年）を以下に示す。学生（4大生男子：42、4大生女子：160、短大生女子：62、計264名）を対象に、126色の色カード（4-3と同様）の中から選出させた。調査対象者に偏りがあり、調査人数があまり多いとはいえないが、ひとつの参考となるであろう。

　「最近①Tシャツ、②ジャケット、③パンツ（ズボン）は、何色の服をよく着ますか。また、その色の服の着用理由を下記［　］1～9から選んで下さい。」という問いで、126色中から各2色を選出させた（着用理由：1. 自分の年齢にふさわしい色、2. 気分が落ち着く色、3. 流行の色、4. 季節の色、5. 細く見える、6. 自分の顔に似合う色、7. どの服とも合わせやすい、8. その色が好きだから、9. その他）。大学男、大学女、短大女、この3群に分けて、それらの結果をみていく。図6-6～6-8は、3群で上位となった色について、3群の平均値の大きい色の順に横軸にとり、出現率（％）を縦軸にとっている。各人が、各2色を選出した結果の割合を算出したため、各群の総計は200%となる。

　①Tシャツでは、3群ともに第1位白、第2位黒であり、3群平均は白：約63%、黒：約37%と他の色を大きく引き離し、着用理由の1位は、白、黒ともに、"どの服とも合わせやすい"であった。しかし、白、黒の着用理由2位は3群で少し異なり、4大男：白、黒ともに、"気分が落ち着く色"をあげた。4大女：白は"その色

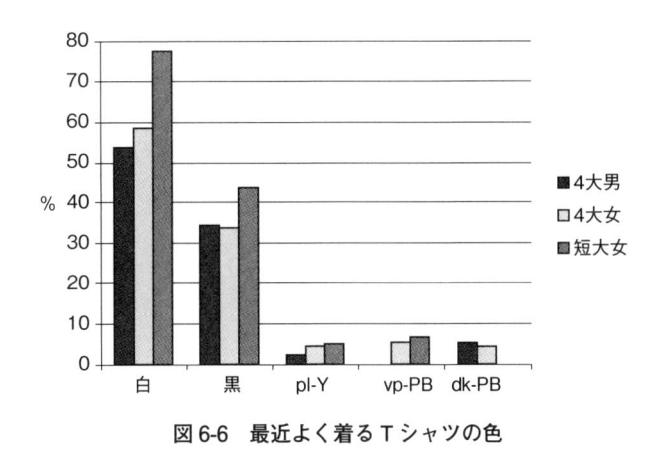

図6-6　最近よく着るTシャツの色

が好きだから"、黒は"気分が落ち着く色"と回答した。短大女：白は"気分が落ち着く色"、黒は"細く見える"を着用理由としてあげた。

②ジャケットでは、3群ともに黒が第1位で、着用理由は3群とも"どの服とも合わせやすい"であった。しかし第2位の色は、4大男：dp-B、4大女と短大女：白、となり男女差がみられたが、着用理由は3群とも"どの服とも合わせやすい"であった。第3位の色は、4大男：灰色（N5）、4大女：灰色（N6）、短大女：vp-Yとなり、その着用理由の1位は4大男・4大女は"どの服とも合わせやすい"、短大女は"気分が落ち着く色"であった。

③パンツ（ズボン）の色は、3群とも第1位は黒であり、着用理由は"どの服とも合わせやすい"、"細く見える"であった。第2位の色は、4大男と4大女：dk-PBで、着用理由の1位は"どの服とも合わせやすい"であり、短大女：白とv-PBが同位で、着用理由の1位は"どの服とも合わせやすい"であった。4大男では白は全く選出されなかった。Tシャツに比べ、ジャケットとパンツ（ズボン）では、2位以下の色の選択において3群間で差がみられた。

第6章　生活・環境と色彩　117

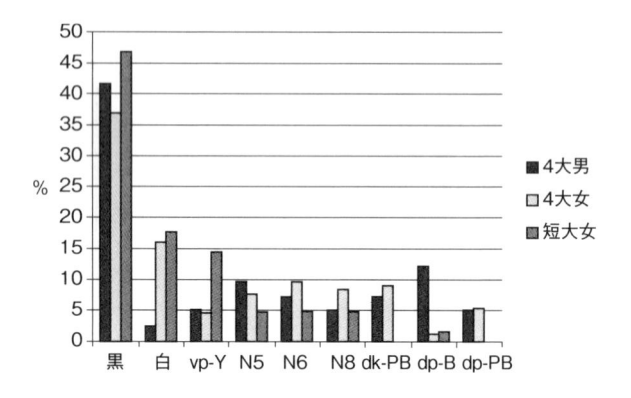

図6-7　最近よく着るジャケットの色

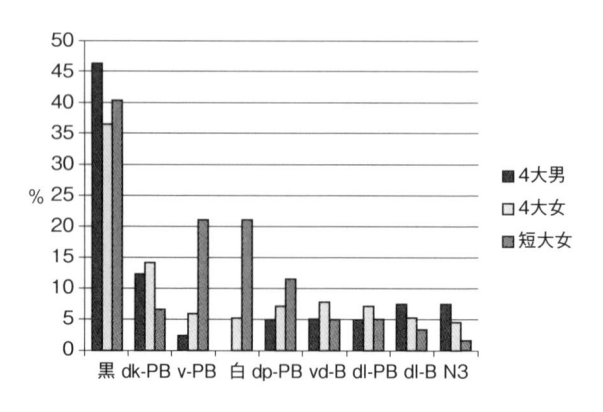

図6-8　最近よく着るパンツ（ズボン）の色

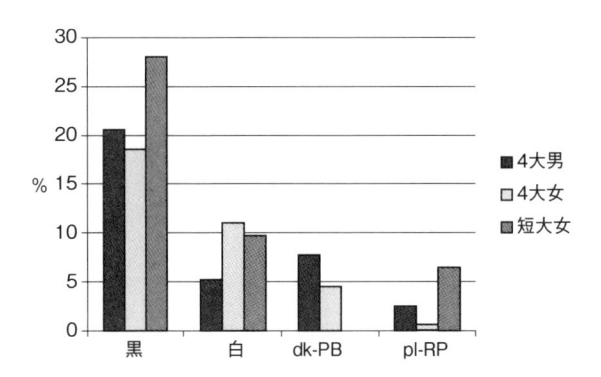

図6-9 自分に最も似合うと思う上衣の色

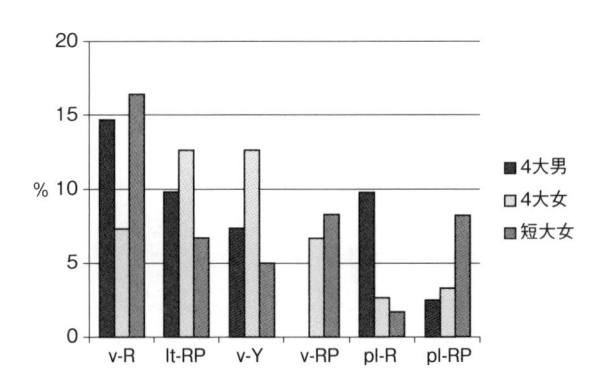

図6-10 自分に最も似合わないと思う上衣の色

第6章 生活・環境と色彩

普段よく着ているTシャツ、ジャケット、パンツ（ズボン）の色は、学生男女ともに無彩色の白・黒の多用が確認された。

2. 自分に最も似合う色・似合わない色

自分に最も似合う（似合わない）と思う上衣（上半身に着る服）の色の調査結果では、自分に最も似合うと思う上衣の色は、図6-9に示すように3群とも黒が第1位であった。しかし、2位以下は各群で異なり、2位は、4大男：dk-PB、4大女と短大女：白となり、4大男は、1位の黒以外は多数の色が選出された。

自分に最も似合わないと思う上衣の色は、図6-10に示すとおり各群ともさまざまな色が選ばれた。4大男は、v-R, pl-R, lt-RP, v-Yの順、4大女は、lt-RP, v-Y, v-R, v-RPの順、短大女は、v-R, v-RP, pl-RP, lt-RPの順となったが、上位の3色相（赤紫、赤、黄）は共通であった。

3. 服の色へのこだわり

「着用する服の色にこだわるほうか」との問いに対し、"こだわる"と回答したのは、4大男：69％、4大女：81％、短大女：89％となり、男子より女子の方が服の色にこだわっていた。

4. 色彩への関心

「一般的に、色彩に関心があるほうか」との問いに対し、"関心がある"と回答したのは、4大男：83％、4大女：93％、短大女：90％となり、男女とも色彩にかなり関心が高かった。これは、調査対象者が色彩関係の授業受講者であることから、もともと色彩に関心のある学生が受講していたとも考えられる。

120

5. 性格と色

「自分の性格は外向性・内向性のうちどちらだと思うか。また自分の性格が服の色にあらわれていると思うか」との問いに対し、"内向性"と回答したのは、4大男：79％、4大女：73％、短大女：61％であり、また、"自分の性格が服の色にあらわれていると思う"と回答したのは、4大男：86％、4大女：62％、短大女：71％であった。自分の性格を内向性と思っている学生の方が多く、自分の性格が服の色にあらわれているとする学生が多いが、特に男子学生の割合が高い結果となった。

以上のように、日常着の色そして色への関心の度合い等を調査したところ、興味深い結果が得られた。

【参考文献】

[1] リブロ（2013）『世界の国情報』株式会社リブロ

[2] カラーユニバーサルデザイン機構（2009）『Color Universal Design カラーユニバーサルデザイン』ハート出版

[3] 日本色彩研究所（2012）『色のユニバーサルデザイン』グラフィック社

[4] 乾正雄・渡辺佳子（1967）「内装材色彩の実状分析ならびに標準化に関する研究」『建築研究報告』建築研究所, 50, 1-26.

[5] 乾正雄（1976）『建築の色彩設計』鹿島出版会, pp.183, 188, 190.

[6] 佐藤仁人・西田悠美・仁尾麻里恵・明松亮平（2013）「居間インテリアの白色化に関する調査」『日本建築学会環境系論文集』*78*(684), 127-134.

[7] 木村俊夫（1958）「保育室の色彩（環境と保育）」『幼児の教育』*57*(8), 22-27.

[8] 稲垣卓造（2009）「建築空間の色彩」大山正・齋藤美穂編『色彩学

入門：色と感性の心理』東京大学出版会, p.173.
[9]『彩』(2014), No.32, 3. 日本塗料工業会
[10] Wikipedia：Júzcar Málaga Andalusia Spain smurf town. jpg (2013. 7. 24 JST)
[11]『JPMA 2013 年 G 版　塗料用標準色　ワイド版』日本塗料工業会 (632 色収録)
[12] 伊藤久美子（2007）「ファッション雑誌掲載服装にみる 2 色配色の感情評価」『繊維製品消費科学』*48*, 732-741.

第7章　日本文化史から衣服にあらわれた色をみる

　今の日本に生きる私たちの使命のひとつは、日本の良き文化を知り次世代に引き継ぐことであるといわれる。日本の文化と一口に言ってもかなり広く、全体を掌握するのは難しい。本章では、日本の文化史にあらわれた色について取り上げるが、色彩の対象を主に衣服類に絞り、各時代の日本人が着ていた衣服の色について古代より現代までを概観する。

　可能な限り実物資料をもとにしたが、古墳時代等資料が乏しい時代においては壁画、絵画からみていく。衣服の素材は、化学繊維が発明される19世紀末までは植物・動物より採取しており、同じ自然界にある鉱物とは異なり、耐久性が低く、時代が遡るほど現存する衣服は極端に少なくなる。さらに文献や実物資料が存在するのは、高貴といわれる階層の人たちが着ていた衣服であり、一般庶民がどのような衣服を着用していたかは定かでない時代が多い。よって、各時代の日本人の衣服の色といっても限られた事象を扱うにすぎない。しかるに各時代の代表的な絵画や実物の衣服にあらわれた色彩、文様、配色の特徴をみることは、いにしえから日本に住む人々の感性の一端を知る上で意義があろう。1. 古墳時代、2. 飛鳥・奈良時代、3. 平安時代、4. 鎌倉時代、5. 室町時代、6. 安土桃山時代、7. 江戸時代、8. 現代（明治時代以降）の順にたどる。

7-1　古墳時代（古墳壁画より）

　古墳時代とは、日本で多くの大型古墳がつくられた、3世紀後半から7世紀頃までをさし、畿内を中心に文化が発達した時期である。
　3世紀頃の日本の色彩文化については不明な点が多いが、『魏志倭人伝』には、当時の日本人の着ていた衣服の記述とともに、魏の正始4年（243）倭王卑弥呼の使者が魏都訪問の際、魏王への贈物の中に、絳青縑（絳すなわち茜の赤糸と青すなわち藍染の青糸で織った絹織物）や丹（天然朱）の文字がみられる。この記事からすると、わが国ではそれ以前からすでに茜（赤）や藍（青）の染色が行われていたことになる。
　染色法をみると、浸染法（浸し染め）はまだ広く普及しておらず、一般庶民の間では原始的な摺染が行われていたようである。摺染とは、色土や花や葉の汁を板上に張った布に摺って着色するものである。色土による摺染は、穀物の糊や豆汁を混ぜた色土の汁で布に摺るもので、丹土による丹摺がよく用いられた。植物の花や葉の汁による摺染には、杜若や鴨頭草の花や、山藍の葉などが用いられたという。
　5世紀から6世紀半ば頃、九州地方（熊本・福岡・宮崎県）、茨城・福島・宮城県などでは、横穴式古墳の内部壁面に彩色が施された装飾古墳がつくられた。装飾古墳で確認されている色は、赤・黄・白・黒・緑・灰（青）の6色である。装飾古墳の多くが赤色1色だけであるが、2色使用では赤・白、赤・黒、赤・青、赤・緑、3色使用では赤・黄・青、赤・白・青、赤・緑・黒、四色使用では赤・黄・緑・黒が用いられており、6色すべてを使用している唯一の装飾古墳は、福岡県の王塚古墳である。このように装飾古墳には必ず

赤色が含まれる。これらの古墳壁画は地塗りを行わない荒い岩肌に直に描かれており、埋葬者の鎮魂や墓室の平安を願って描かれた呪い的意味合いの強いものであろう。使用された顔料は、赤は酸化鉄を含んだ土（丹土）、黄は黄色粘土（黄土）、青と緑はそれらの色の岩石を粉末にしたもの、黒は鉄やマンガンを含む黒色の鉱物や木材などを焼いた炭素、白は白色粘土（白土）であり、炭素以外はすべて天然の土や岩石を粉末にしたものといわれる。[1]

　彩色画の内容は古墳により違いがあり、赤１色では幾何学的文様や器物の図形などが描かれているが、２色以上の彩色の場合は、一般に図色と地色を考えて彩色がなされている。

　古墳壁画の一例として、赤色と白色の２色で彩色され保存状態がよい虎塚古墳壁画（茨城県）を取り上げる。この古墳は古墳時代後期（７世紀前半から中頃）築造とされ、この地で勢力があった豪族の墳墓で、一体の遺骸は、黒漆塗大刀・刀子・鉄鏃を副葬していた。石室の白い壁面には、丹彩（酸化鉄の赤色顔料）で、三角文・環状文のほか、鞆・靫・大刀・槍などの幾何学文と象形文があざやかに描かれ、人物は描かれていないが東国の装飾古墳壁画の集約版ともいえる内容を示し、悪霊から死者の身を護る意味を込めて描かれたものといわれる。[2]

　古墳のまわりに並べられた人像埴輪は、古墳後期時代の服装である、男子は衣褌、女子は衣裳姿の正確な資料を提供する。装身具としては、首飾り、耳飾り、腕飾りが縄文式文化時代から存在した。古墳時代にはさらに、水晶、瑪瑙で勾玉、管玉、棗玉、切子玉などの飾りがつくられ、金、銀の飾りや、鉄製の帯金具などがつくられた。これらの装身具は古墳時代の特徴的なものであり、次の時代には次第に消えていった。[3]

第７章　日本文化史から衣服にあらわれた色をみる　*125*

7-2 飛鳥・奈良時代

飛鳥時代（592〜710年）は、奈良盆地南部の飛鳥地方を都とし、仏教中心に文化が栄えた。豪族蘇我氏の力が強大となり、その蘇我氏と組んで政権を握った聖徳太子は推古天皇を助け、天皇を頂点とする国家の仕組みを整えようとした。続く奈良時代（710〜794年）は、平城京すなわち奈良に都があった七十余年間である。平城京は唐の都長安を模してつくられ、東西4.3km、南北4.7kmの規模をほこり、中央には幅70mの朱雀大路がはしり、都から地方へは官道が整備され、国司が派遣された。

仏教伝来（588）の折、百済の僧が彩色料をもって渡来し、これが日本に鉱物性顔料が入ってきた最初の公式記録であるが、具体的な色は不明といわれる。

この時代の特徴として、繧繝彩色（うんげんさいしき）、冠位十二階、高松塚古墳壁画を取り上げる。

7-2-1 繧繝彩色

繧繝彩色とは、同一色相あるいは類似色相の色の濃淡を漸層的に配列し、さらにこれと補色関係の色相を漸層的段暈しに対照的に配し、多彩で華麗かつ立体的な色彩美を表現したものである。唐代の中国で完成し、わが国では奈良時代から平安時代にかけて仏像・仏画の彩色装飾、建築・工芸品の彩色文様や染織に応用され、独特の発達をとげた。

天平時代の繧繝法の配色は、丹（に）（鉛丹）を中心とする赤系統の段階的濃淡に対して紺青（こんじょう）（群青）を中心とする青系統の段階的濃淡を

配する、または臙脂を中心とする紅系統の段階的濃淡に対して緑青を中心とする緑系統の段階的濃淡を対照的に配し、各系統の最淡部はいずれも白か黄とし、最濃部は墨の黒として文様の輪郭を朱線で描いた。すなわち次のようになる。

①**丹繧繝**：籐黄 → 丹 → 朱 → 墨に対し、紺青繧繝：白 → 白青 → 紺青 → 墨

②**臙脂繧繝**：白 → 臙脂ノ具 → 臙脂 → 墨に対し、緑青繧繝：籐黄 → 白緑 → 緑青 → 墨

このように、天平時代では一般に色相は暖寒の補色が用いられたが、補色にこだわったのは、当時の指導者層が積極的に外来文化を吸収しようとして、大陸風の強い刺激の色を求めたともいえよう。繧繝配色の濃淡の段数は、天平の頃は四段程度であった。

7-2-2 冠位十二階

冠位十二階は冠位の最初のもので、603年聖徳太子・蘇我馬子らが制定した。冠の色で位階を表し、服色は冠の色と同じと定め、地位・身分を示した。冠名は儒教の徳目を参考にして、徳・仁・礼・信・義・智とし、各階をさらに大・小に分けて十二階とした。冠の色は、最高の徳の色だけは中国隋朝の服制にならって紫とし、以下の色には陰陽五行説の五常の色、すなわち、仁に青、礼に赤、信に黄、義に白、智に黒とし、さらにその濃淡で分けた。また功労により昇進できるものであった。この制に定められた冠服は、平常（褻）の参内時に着用するのではなく、公（晴）に着用するもので、後の衣服令の礼服にあたるものであった。

冠位の制は、その後しばしば修正され、685年の服制から、冠は

表7-1 位階と当色

	冠位十二階 （推古天皇十一年　603）		衣服令 （養老二年　718）	
親王			黒紫	諸王親王（四品以上）
諸王			黒紫 赤紫	諸王（一位） 諸王（二位から五位）
諸臣	紫	大徳 小徳	黒紫	諸臣（一位）
	青	大仁 小仁	赤紫 赤紫	諸臣（二位） 諸臣（三位）
	赤	大礼 小礼	深緋 浅緋	諸臣（四位） 諸臣（五位）
	黄	大信 小信	深緑	諸臣（六位）
	白	大義 小義	浅緑	諸臣（七位）
	黒	大智 小智	深縹	諸臣（八位）
			浅縹	諸臣（大初位　小初位）

すべて黒い漆紗となり、位色は従来の冠の色から服の色をさすようになった。701年の衣服令では、礼服の衣は、天皇：赤、皇太子：黄丹、王以下諸臣：深紫（王および一位）、浅紫（王の二〜五位、臣下の二、三位）、深緋（四位）、浅緋（五位）であり、褶（紗の裳）は、皇太子：深紫、親王・王：深緑、臣：深縹であった。その後の時代にも、位色の改変が幾度もあった。表7-1に、冠位十二階と養老の衣服令の位階と当色を示す。

　色彩が身分格式によって規定され、自由に趣味嗜好により着用できなかったこの時代には、流行色という現象はおこるはずもない。

7-2-3　高松塚古墳壁画

　高松塚古墳は、奈良県高市郡明日香村に所在し、7世紀末から8世紀初め頃の築造と推定される古墳である。1972年に発掘され、1973年（昭和48年4月）に特別史跡、1974年（昭和49年4月）に壁画は国宝に指定された。

　この極彩色の人物・四神・星宿の壁画は、中国・朝鮮の壁画古墳に類似するといわれる。横口式石槨内部には、床面・側壁・天井に漆喰を塗りこめ、天井には、日・月・星宿、壁面には四神と男女像が極彩色で描かれている。それに用いられた顔料等は、赤色系は朱・ベンガラ、黄色系は黄土、緑色系は岩緑青、青色系は岩紺青（群青）、白系は下地漆喰に白土、黒系は墨、ほかに金・銀の箔が使われている。[4]

　男女群像の衣装に使用されているという群青（ラピスラズリ）は、アフガニスタン原産であるとの最近の調査結果から、その顔料がどのような入手経路をたどってきたのか、また7世紀頃の貴人の墓と推定されているが、はたして誰の墓なのか、東西の壁面に描かれた男女十六人の画像は当時の日本人の姿なのか等興味は尽きない。

7-3　平安時代

　平安時代（794〜1192年）は、桓武天皇の平安遷都から鎌倉幕府の成立までの約400年間、政権の中心が平安京すなわち京都にあった時代で、貴族の藤原氏が天皇に代わって政治の実権を握った。前代の唐風文化模倣から脱して日本古来の趣味嗜好をもとに新様式を生み出した、いわゆる国風文化の時代である。特に中期頃からの藤

原氏全盛時代は絢爛たる文化をつくった。その中で服飾にみる女房装束の「かさねの色」の美を取り上げる。その多彩な配色から、色彩感覚が前時代よりも繊細となり、色調の微妙さを好む平安貴族の高い美的感覚をうかがい知ることができる。

7-3-1 代表的な色

前時代からの紫と紅が、この時代の情感を表す代表的な色であるが、当時代の新色として、紅梅（こうばい）、支子（くちなし）、朽葉（くちば）、萌黄（もえぎ）、浅葱（あさぎ）、二藍（ふたあい）、香染（こうぞめ）を示す。

紅梅：紅梅の花の色を模した染色で、赤みのうすい赤紫色である。紅梅の名は、この時代の染色・織色・重色に見え、染色では淡い藍染に紅花を上掛けして染めたもの、織色では経紫・緯紅で織り出されたもの、重色では表紅梅・裏蘇芳のものをいうが、染めの色が紅梅の代表色である。

支子（梔子）：橙色に熟した支子の実を染料とし、その実をもみつぶし、あるいは煮出して灰汁で媒染した黄色をいう。

朽葉：枯れ朽ちた葉の色を模した褐色がかった黄橙色をいう。朽葉の色には赤みがちの赤朽葉、黄みがちの黄朽葉、萌黄がちの青朽葉の3種がある。

萌黄：草木の萌え立つときの葉色を模した緑みのさえた黄緑色をいい、萌木とも書く。

浅葱：若い葱にちなんだ色であるが、染色は緑みのうすい青色をいう。

二藍：藍と紅花で染めた紫みのうすい青紫色をいう。二藍の名は、青藍（藍草）と紅藍（紅花）の二種類の藍（染料）で染めたことからきている。

香染(ちょうじぞめ)：丁子染ともいい、南方産の香木である丁の木の蕾（丁子）を材料とし、少量の灰汁と鉄分で染めた黄みの暗い黄赤色である。この染色物は、染めてしばらくの間は布に香料の香りが漂う贅沢なものであった。

7-3-2 位 色

当色(とうじき)・禁色(きんじき)・聴色(ゆるしいろ)という、平安時代にみられた色に関する決まりをあげる。

当色：位階に相当する服色のことである。

禁色：位階による袍(ほう)の色の規定のことで、当色以上の色の使用は禁じられていた。たとえば黄櫨染(こうろぜん)は、820年唐の制度にならって定めた天子の晴の袍色で絶対禁色であり、その染色は山櫨(やまはぜ)による黄色の下染めに、蘇芳または紫根染の紫を重ね、灰汁媒染と酸処理によって染め上げた深い黄褐色である。また黄丹(おうたん)は、天子の晴の袍色である黄櫨染に次いで、皇太子の袍色と定められた絶対禁色で、支子の黄の下染めに紅花の紅色を上掛けしたあざやかな赤橙色である。

聴色：一般に着用がゆるされる色のことで、日本人の愛好色である紫や紅のごく淡い色が禁制外の聴色であった。紫根染では、その淡染(うすいろ)の淡色（淡い紫）、紅花染めでは、一斤染(いっこんぞめ)（紅花大一斤（約600g）で絹一疋（二反）を薄い紅色に染めたもの）、退紅(あらぞめ)[5]（紅花小八両（約100g）で絹一疋と定め、一斤染よりも淡い紅花染め）、これらが聴色であった。

7-3-3　かさねの色目

　「かさねの色目」は、2つの意味で時に混同して使われているが、ここでは長崎盛輝[6]にならい、文字を「重色目」・「襲色目」と区別してみていく。
　重色目とは、「退仕立て」（袷仕立ての裏地が表地よりわずかに出るように仕立てたもの）の衣の表裏を重ね合わせた色をさす。その重色には表の色が主にあらわれ、裏色はかすかに表色に反映してその色調に微妙な影響を与える程度であるが、表色が白あるいは淡色で裏色が鮮明な場合は、裏色の影響が強く出る。
　重色目の名称は、四季を表す植物の花や葉の色または染色にちなんだものが多い。たとえば、春の色目「桜」（表白・裏赤花）は、赤い若葉の上に白い花を咲かせた山桜を表したもので、裏の赤花の紅が表の白に反映してほんのりとした色になる。また、夏の色目の「橘」（表濃朽葉・裏黄）は、色づいた密柑の実の色を表したもの、冬の色目「枯野」（表黄・裏淡青）は、枯草の下で緑の若草が春を待つ情景を表したものである。また、四季を通して用いられた「松重」（表青・裏紫）は、四季によって変わらぬ常磐松の葉とその木陰を表し、「葡萄」（表蘇芳・裏縹）は、染色にちなんだものでこれも季節を問わず用いられた。
　重色目の表・裏の色彩は、色相に関しては類似色相が最も多く、次いで対照・同一・中差色相の順である。明度差については、明度差小が最も多く、次いで明度差なし、明度差中、明度差大の順であり、明度差大では白との配色が多い。しかし、その色目の配色は、一枚の袷仕立ての衣を表すから、装束として幾領もかさねて着装する場合は、衣の表色相互の配色が美的効果をあげるよう工夫がなされている。

襲色目とは、装束としての衣を何枚も重ね着して、その表にあらわれる衣色の配列をさす。その襲の装束で最も多彩なものは、女房装束、俗にいう十二単の色目である。女房装束とは、女御以下の宮中奉仕の女房（女官）の装束のことで、これには晴と褻の装束がある。晴の装束は、打袴をつけ、上に単・五ツ衣（袿五領）・打衣・表着・唐衣を着用し、腰に裳をつける。髪は垂髪に丸かもじをつけて釵子を挿し、手に衵扇をもつのが正装である。褻の装束は略装であり、上には唐衣の代わりに小袿を着装する。

　襲色目は、衣の配合の仕方によりいろいろな名がつけられるが、それはすべて装束の中心となる五ツ衣の配合形式による。それには、同系色の濃淡で、上から下へ順次淡くしていく「匂」（例：紅の匂）、同じく匂形式で下の二領を白にする「薄様」（例：紫の薄様）、一領ごとに色を変えて襲ねる「色々」（例：上から順に薄色一、萌黄一、紅梅一、裏山吹一、裏蘇芳一の配色）、同じ色を五領襲ねるもの（例：裏山吹）、などがある。

　五ツ衣の配色は、匂・薄様などその部分だけとると変化に乏しい配色とも受け取れるが、装束全体からみると、五ツ衣の上に着る打衣・表着・小袿と一番下に着る単、その下につける打袴の色とのコントラストにより多彩なものとなる。装束にあらわれる色彩の面積は、最上部の小袿が最も広く、次に表着と一番下に着る単、その下につける打袴が広く、装束の中心となる五ツ衣の部分は、襟・袖口・裾まわりの部分に線上にあらわれるが、この部分が装束の中心的役割を演じる。

7-4　鎌倉時代

　鎌倉時代（1192～1333年）は、源頼朝が鎌倉に幕府を開き、武

士の政権の誕生から始まり、13世紀に頼朝の妻政子の実家である北条氏に実権が移り、北条高時が足利尊氏や新田義貞らに滅ぼされるまでの約150年間をいう。鎌倉文化は武士の気質が強くあらわれ、実質と心身の張りを重んじる合理的なものであった。

　ここでは、まず武装の甲冑をとりあげる。甲冑とは鎧と兜のことで、金属・染色・皮革・漆芸などの技術の総合でつくり、日本固有の表現芸術といえる。鎧の袖は、小さい金属板を並べて綴るのでその仕事の手順がそのまま模様を表し、それを威という。鎧の袖の威は、胴部とともに甲冑の最も目立つ部分で、着用者の工夫がそこにあらわれる。

　威の材料には、革威、糸威、綾威の三種がある。革威は、鹿の革をなめしたものを細く裁って威した。糸威は、絹の平打の組糸で威したもので、染色しない白糸で威したものを白糸威、染色した糸で威したものは紫や紅梅や赤や紺などの染色名をつけて〇〇色威と呼んだ。綾威は、綾織の切れを細く裁ち、麻を芯に入れた緒で威したもので、唐綾威ともいい、色には、白・紫・朽葉・萌黄・浅葱などがある。

　また、威の配色からみた種類には、匂威、裾濃威、村濃威などがある。匂威は、段々ぼかしに威していくもので、普通は上方が濃く下方にいくに従って薄い色にするもので、女房装束の五ツ衣の配色から出たものである（例：萌黄匂）。裾濃威は、匂威とは逆に上を薄く下方を濃く威していくものである（例：紫裾濃）。村濃威とは、同色の濃淡、または変わり色を一方に偏らないでばらばらに威していくものである（例：紺村濃）。

　前田千寸の調査によると、威の色は黒が最も多く、萌黄、緋、赤、紫、小桜、紺、藍、紅、淡紅、退紅、緑などがあるという。それらを身分別に見ると、大将には赤系統が多く、それは華やかで目立つ色であり、戦場では敵を威圧し味方を鼓舞する効果があったからと

いわれ、青年大将には裾濃・匂が喜ばれ、緋・赤が最も多く、次に黒がくる。また侍では、黒・萌黄・小桜が多く、黒革威が多い。

一方鎧の下に着る直垂(ひたたれ)の地色は、将では青地錦が多く、褐・紺・木蘭などが用いられ、侍では木蘭・褐・紺村濃・萌黄、僧兵は褐が主な直垂の地色であった。

この時代の男子の代表的な衣色を以下にあげる。

海松色(みるいろ)：海松のような暗い黄緑色。高年者向けの色であったらしい。
褐色(かちいろ)：紺よりさらに濃く暗い藍染の色。武家の間では勝色、江戸時代には、かちん色とも呼ばれた。

7-5　室町時代

室町時代（1392〜1573年）は、足利氏が政権を握り、鎌倉から再び公家文化の地である京都室町に幕府を移した時代をいう。南北朝時代（1336〜1392年）を室町時代前期に含める説もある。鎌倉武士の質実を重んじる文化から、足利将軍家はじめ、同朋衆(どうぼうしゅう)・禅僧などの文化人によって新しく「寂(さび)」の文化に変えられた。ここで同朋衆とは、将軍や大名の側近となって、芸能や雑役に従事した人々のことで、時宗の僧が多く、"○○阿弥"（能：観阿弥、水墨画・連歌：能阿弥、書院造：相阿弥、作庭：善阿弥など）と号した。

この寂の精神は、茶道・花道をはじめあらゆる文化の精神基盤となっている。寂の世界の色は、濁色と無彩色の黒や灰色が主調であるが、他方、金襴・銀襴・唐織錦などのきらびやかな織物の色や、朱漆を塗り重ねて文様を彫りあらわした堆朱(ついしゅ)や、文台・硯箱など調度・文具にみられる華麗な色彩も共存する。枯淡と華麗という異質なものの共存が、この時代の特徴といえる。

枯淡・静寂を志向する寂の色調は、無彩色で構成された水墨画に代表される。「墨に五彩を見る」とは、精神の深奥を揺り動かす、あらゆる色彩を墨色の中に見極めようとするもので、これは絵の具の黒色では難しく、墨が水を含んで微妙に濃淡が変化するから可能となる。焦墨・中墨・淡墨・暈し・にじみ・かすれなど、多様なタッチで変化に富んだ造形が展開し、雪舟の秋冬山水図が例としてあげられる。

　当時用いられた色彩名称の大部分は、古代から引き継いだもので植物名が主であり、動物の名にちなむものはなかったが、この時代になって初めて昆虫や鳥類の光沢のある体色を模した新色があらわれた。光沢色の登場は、金襴・銀襴・唐織物にみられる光沢のある色への関心の高まりと関係があるのかもしれない。

　この時代にあらわれた新色をあげると、次のようになる。

　　鶸色（ひわいろ）：鶸鳥の羽色を模して、黄蘗の黄色とごく淡い青色を交染した爽やかな緑みの黄色をいう。

　　蜥蜴色（とかげいろ）：蜥蜴の体色に似た織・染色をいう。織色は、経糸を浅黄または萌黄に、緯糸を赤く染めたもので、光線の具合で緯糸の赤が交差して蜥蜴の色に似る。染色の蜥蜴色は、暗い光沢のある緑色をいう。一般に蜥蜴色といえば、織色の玉虫調の色をさすが、動物それも爬虫類が色の名前につくのは珍しいことである。

　　牡丹（ぼたん）：牡丹の花の色を模して藍と紅花で染めた、華やかな赤紫の色である。この花は、絢爛たる色と形から古来より富貴花として観賞されたが、色名として牡丹が文献にあらわれるのは、女房装束の襲色の名としてからであり、染色名の牡丹があらわれるのはこの時代からといわれる。

7-6　安土桃山時代

　織田信長、次いで豊臣秀吉が戦国時代を終りとさせて天下を統一したこの時代（1573〜1598年）は、金彩美の時代といえる。室町時代には、花の金閣に対し、寂の銀閣、水墨画があったが、桃山時代は、金色だけが特徴となり、特に豪壮な城郭・殿邸・社寺の造営やその内部を飾る金碧障壁画（金箔地の画面に緑青などの濃彩を使って描いた障壁画）が発達した。その初めは、信長が築城した安土城（1576年築城）に見られ、その内部は「何れも、下より上まで、御座敷悉く金なり」とあり、「信長公記」によれば、七層の内部にそれぞれの濃彩の絵が、狩野永徳一門によって描かれた。それは、金を基本に、朱・緑青・群青・紫・黄など濃厚の岩絵の具が、重々しく扱われ輝いていたといい、やがて秀吉にも受け継がれこの時代の英雄を象徴する色彩となった。

　金碧画がこの時代に絵画の代表格となったのは、金の産出が豊富だったこともあるが、それよりも素朴な武将たちは、感覚的な豪華さから金色を礼賛したのであろう。金色での彩飾は、初めは色彩の豪華さを強調するための部分的なものから、武将たちの要求により次第にその面積を広げ、ついに背景の地全体を金箔で覆う、豪華絢爛たる金碧画の誕生となった。

　この時代は、民衆の生活を示す風俗画の展開、陶芸・漆工・染織など工芸技術の進歩も見過ごせない。

　服装も派手で、摺箔、縫箔など豪華な技法が盛んに用いられた。摺箔は、絹織物を地とし、これに糊を置き、その上に金銀の箔を貼り付けて文様を構成したもので、地色には金銀の箔がよく映えるように濃い赤や紫や紺などが用いられた。縫箔は、摺箔と刺繍とで文

様を構成したもので、ともに金色をきらびやかに見せることを狙いとし、胴服や能装束にみることができる。

　一方、利休好みで象徴される、洗練された美も豪華金色趣味の裏に存在した。たとえば辻が花染は、室町後期より行われたとされる文様染で、一定の区画や花鳥の形を、縫い締め絞りの技法で染め分けたり、染め抜いたりしたもので、描き絵や墨描きの線、摺箔や刺繍とともに用いた。辻が花の魅力は、絞りによる染めの大まかな味わいに、描き絵の繊細さが加わり、微妙な調和をもつ美しさを表現したところにある。

7-7　江戸時代

　江戸時代（1603～1867年）は、徳川家康が江戸に幕府を開いてから、徳川慶喜の大政奉還に至るまでの約260年間をいう。奈良から桃山時代までは、その時代の色は各時代の上層者から生まれ、庶民の趣味嗜好による流行色ではなかったが、元禄の頃からは町民が経済力をもち各人の好みから流行色が生まれた。色は一般に渋味、やわらか味をもつものであった。それは地質・染料が安価なことや色調の地味という制約から出たもので、高価な紅花染めの紅梅色や紫根染の本紫は町民に禁じられており、安価で地味な茶色系、鼠色系、藍系の納戸・浅葱などが流行色であった。江戸時代を通じて最も多く流行色となったのは、茶系統の海松茶・百塩茶・憲法・煤竹・薄柿・黒鳶・鶸茶などであり、鼠色系も江戸後期には流行した。[7]
以下に代表的な色、そして名前の由来する対象別に"四十八茶""百鼠"の種類をあげる。

7-7-1 代表的な色

海松茶：海松（浅海の岩石に着生する緑藻で、全体に濃緑色（梅松色）を呈する）色を帯びた茶色、つまり暗い緑みの茶色で、江戸時代に流行した色目のひとつ。

役者色：江戸時代においては一般庶民の生活と歌舞伎との関係は密接で、人気役者が舞台で用いる衣装・小道具等の文様や色目・あるいはそのものの形までを、婦女子はもとより男子までが日常生活にとりいれて流行の元となった。役者名を冠した「役者色」は、各時期の人気役者が考案したもので、のちにはその家系を表す色となった。役者色の主なものは、路考茶・梅幸茶・舛花色・璃寛茶・芝翫茶・岩井茶・高麗納戸などで、それらのほとんどはその当たり狂言で着た衣装の染色から、またはその衣装の模様から流行が始まった。

路考茶：路考というのは享保以来の歌舞伎女形、瀬川家代々の俳名である。路考茶の登場は美貌が抜群であったという二世瀬川路考（1741～73年）からであり、彼の扮装から出てきた路考茶・菊寿染・瀬川帽子は大流行した。路考茶流行の始まりは、一説には明和三年（1766年）江戸中村座「八百屋お七恋江戸染」の狂言で、下女お杉の役を演じたときにこの色を着てからといわれ、以後代々の路考人気とともに七拾余年間流行色のトップの座を占め、その流行の寿命は他の役者色や一般の流行色に例を見ないものであったという。明和三年の川柳に「うくひすといふて路考は染めにやり」とある。[8] 路考茶は、現在の慣用色名"鶯茶"に近い、緑みの茶色であった。

中期以降の江戸庶民は、見栄や欲望をすてて洒脱な生活をし、意気地を通すことに生きがいを見出す生き方、つまり粋を求める

ようになった。粋とは、気質・態度・身なりなどがさっぱりとあかぬけしていて、しかも色気があることをいう。その条件に合う色は、鼠系統の色では、利休鼠・鳩羽鼠・藤鼠・銀鼠など、茶系統では、利休茶・路考茶・鶸茶・煤竹など、青色系統では、納戸色・瑠璃紺などであり、多色を用いない。

利休鼠：江戸時代後期の「四十八茶百鼠」と呼ばれる流行色のひとつで、緑みの鼠色をいう。千利休が作り出した色ではなく、後世の人間が、地味で品のある色合いから、利休好みの色を推測して作り出した色のひとつである。碾茶の連想から、"利休"は"緑み"の形容として使われ、利休がつく色には、利休茶、利休生壁などがある。

　一方、友禅染は、江戸前期頃京都で完成した糊防染法による文様染で、下絵の上から糊で輪郭をとり、彩色し、その上をさらに糊伏せして地を引き染する。手描きのために手間はかかるが自由な絵模様染が可能であり、以降のモードは様変わりした。[9]

7-7-2　四十八茶百鼠

　この時代は、四十八茶百鼠といわれるほど茶系と鼠系には多種類の名称がみられる。そこで、名称の由来する対象ごとに以下のようにまとめてみた。
　まず茶系は次のようになる。

　　①**人名由来の色名**：路考茶、璃寛茶、梅幸茶、団十郎茶、芝翫茶、岩井茶、路春茶、遠州茶、利休茶、利休白茶、宗伝白茶、宗伝茶、観世茶、光悦茶、文人茶、翁茶、威光茶、千歳茶、仙斎茶
　　②**色の名由来の色名**：白茶、桑色白茶、黄茶、赤茶、青茶、緑茶、

黒茶、藍黒茶、憲房黒茶、金茶、栗金茶

③**植物由来の色名**：蘭茶、梅茶、栗梅茶、小豆茶、蜜柑茶、柳茶、葡萄茶、栗皮茶、煤竹茶、柳煤竹茶、木枯茶、樺茶、桑茶、沈香茶、山吹茶、丁子茶、枇杷茶、枯茶、唐竹茶、豆殻茶、海松茶、素海松茶、黄海松茶

④**動物由来の色名**：鶯茶、鴉茶、雀茶、黄雀茶、鳶茶、海老茶、猟虎茶、鼠茶、猩々茶

⑤**地名由来の色名**：唐茶、昔唐茶、黄唐茶、鴇唐茶、江戸茶、桃山茶、信楽茶

⑥**その他の物由来の色名**：土器茶、御召茶、媚茶、藍媚茶、焦茶、極焦茶、紅丹柄茶、御納戸茶、銀御納戸茶、茶微塵茶、宝茶、碾茶、藍碾茶、百塩茶

次に、鼠系をあげてみる。

①**人名由来の色名**：利休鼠、小町鼠、貴族鼠、源氏鼠
②**色の名由来の色名**：薄鼠、素鼠、中鼠、濃鼠、銀鼠、白鼠、黄鼠、紫鼠、黒鼠、茶鼠、茶気鼠、水色鼠、空色鼠、臙脂鼠、紅鼠、紅消鼠、藍鼠、藍味鼠、藍生鼠、納戸鼠
③**植物由来の色名**：桜鼠、梅鼠、白梅鼠、紅梅鼠、藤鼠、柳鼠、青柳鼠、葡萄鼠、薄梅鼠、小豆鼠、牡丹鼠、山吹鼠、松葉鼠、島松鼠、呉竹鼠、桔梗鼠、漆鼠
④**地名由来の色名**：深川鼠、鴨川鼠、淀鼠、湊鼠、浪花鼠、嵯峨鼠、薩摩鼠

7-8 現代（明治時代以降）

　明治以降の洋風化にともない、染料や顔料も従来の天然材料から人造材料に変わり、その発色は、華やかで、あざやかな派手な感じのものに変わった。

　1856 年、イギリスの化学者パーキン（W. H. Perkin）がマラリアの特効薬キニーネを合成しようとして偶然できたのが世界初の合成染料モーベインであった。モーベインは、紫色であり工業化されて絹の染色に用いられ大ブームを引き起こしたが、堅牢性が低かった。しかし、これが端緒となり、多くの合成染料が現在までに発明・生産される。

　日本に合成染料が伝わった時期は定かではないが、文久二年（1862）頃、京都の紫染屋が紫粉（合成）で試染したという記録、慶応二年（1866）桐生の佐羽喜六が紅粉（合成）を用いたという記録がある。

　明治時代では、鼠が茶に代わって主流となり、芝翫鼠・千歳鼠・柿鼠・栗梅鼠・貴族鼠・胡蝶鼠・小町鼠・都鼠などが多く用いられた。

　日本名の新案の色をあげると、黄大津・文人茶・新橋色・青根岸・琥珀色などがある。

　　黄大津：壁の上塗に用いる漆喰の色にちなんだ落ち着きのある黄色で、明治前期に流行した。
　　文人茶：文人趣味から出た黄茶の濁色系の色で、西洋趣味の反動として、中期の国粋主義と江戸懐古趣味から生まれた伝統的な日本趣味の色である。

新橋色：輸入染料使用による新感覚の緑みのあざやかな青で、従来の同系統の浅葱よりさえた色で、新橋芸者が愛用したことからきた色名である。当時（明治後期）新橋には政界、実業界の新人が集まり、そこの芸者も伝統的な柳橋と違って、ハイカラ趣味であったことからこの色が流行した。新橋色は新橋の芸者屋が金春新道にあったことから、金春色(こんぱるいろ)ともいわれる。

青根岸：東京都台東区根岸から出た壁土材料の色にちなんだもので、くすんだ青色をいう。根岸を名のる色はほかに、茶根岸、鼠根岸があるが、いずれも壁土の色にちなんだ色で、根岸の色は別に生壁色(なまかべいろ)ともいわれる。

琥珀色：琥珀の玉石にみられるような茶がかった黄橙色をいう。琥珀は松などの樹脂が埋もれてできた鉱石で古くは"くはく"ともいわれ、貴石とされた。

さて第二次世界大戦後、日本人女性の服装は、男性より遅れて徐々に和服から洋服になる。

洋服はじめさまざまな分野における流行色は目まぐるしく変化するが、世界の流行色の発信元であるインターカラー（国際流行色委員会：International Commission for Color）は、国際間でカラートレンドの方向性を検討する世界唯一の機関であり（1963年発足）、2013年2月現在世界の14か国（中国、イギリス、フィンランド、フランス、ドイツ、ハンガリー、イタリア、日本、韓国、ポルトガル、スペイン、スイス、タイ、トルコ）が加盟する。各国が提案色を持ち寄り、実シーズンより先駆けること約2年前の6月に春夏カラー、12月に秋冬カラーがインターカラー委員会で選定される。それを日本国内に持ち帰って、1年半前に国内市場向けのトレンドカラー情報が発表されている。

以上のように、色は身近に存在し、その時々の文化から大いに影響を受け、また影響を与えてきた。日本における各時代の色彩文化の一端を知ることで、他国とのかかわりとわれわれ固有の感性の伝統を理解できたであろうか。自己の感性を磨く一助となったであろうか。

【参考文献】

［１］『原色日本の美術　第１巻　原始美術』（1990）小学館
［２］「ひたちなか埋文だより　第 30 号」（2009）ひたちなか市埋蔵文化財調査センター, p.3.
［３］元井　能（1970）『日本被服文化史』光生館, p.9.
［４］文化庁監修（2004）『国宝　高松塚古墳壁画』中央公論美術出版
［５］長崎盛輝（2007）『日本の伝統色』青幻舎
［６］長崎盛輝（2006）『かさねの色目』青幻舎
［７］福田邦夫（2011）『すぐわかる日本の伝統色改訂版』東京美術, p.136.
［８］長崎盛輝（1990）『色・彩飾の日本史』淡交社, p.203.
［９］国立歴史民俗博物館編（1999）『江戸モード大図鑑』NHK プロモーション

資　　料

資料1　慣用色名

慣用色名を 1. 和色名、2. 外来色名に大きく分け、対応する系統色名、三属性による色の表示（*HV/C*）を以下に示す。各配列順は、色相 R から RP、次に無彩色とした。

1　和色名

	慣用色名	対応する系統色名	*HV/C*		
1	薔薇（ばら）色	あざやかな赤	1R	5/	13
2	韓紅花（からくれない）	あざやかな赤	1.5R	5.5/	13
3	珊瑚（さんご）色	明るい赤	2.5R	7/	11
4	紅梅（こうばい）色	やわらかい赤	2.5R	6.5/	7.5
5	桃色	やわらかい赤	2.5R	6.5/	8
6	紅（べに）色	あざやかな赤	3R	4/	14
7	紅赤（べにあか）	あざやかな赤	3.5R	4/	13
8	臙脂（えんじ）	つよい赤	4R	4/	11
9	蘇芳（すおう）	くすんだ赤	4R	4/	7
10	茜（あかね）色	こい赤	4R	3.5/	11
11	赤	あざやかな赤	5R	4/	14
12	朱（しゅ）色	あざやかな黄みの赤	6R	5.5/	14
13	紅樺（べにかば）色	暗い黄みの赤	6R	4/	8.5
14	紅緋（べにひ）	あざやかな黄みの赤	6.8R	5.5/	14
15	鉛丹（えんたん）色	つよい黄みの赤	7.5R	5/	12
16	紅海老茶（べにえびちゃ）	暗い黄みの赤	7.5R	3/	5
17	鳶（とび）色	暗い黄みの赤	7.5R	3.5/	5
18	小豆（あずき）色	くすんだ黄みの赤	8R	4.5/	4.5
19	弁柄（べんがら）色	暗い黄みの赤	8R	3.5/	7
20	海老茶（えびちゃ）	暗い黄みの赤	8R	3/	4.5
21	金赤（きんあか）	あざやかな黄赤	9R	5.5/	14
22	金茶（きんちゃ）	つよい黄赤	9R	4.5/	9
23	赤錆（あかさび）色	暗い黄赤	9R	3.5/	8.5
24	黄丹（おうに）	つよい黄赤	10R	6/	12
25	赤橙（あかだいだい）	あざやかな黄赤	10R	5.5/	14
26	柿（かき）色	つよい黄赤	10R	5.5/	12
27	肉桂（にっけい）色	くすんだ黄赤	10R	5.5/	6

	慣用色名	対応する系統色名	HV/C		
28	樺(かば)色	つよい黄赤	10R	4.5/	11
29	煉瓦(れんが)色	暗い黄赤	10R	4/	7
30	錆(さび)色	暗い灰みの黄赤	10R	3/	3.5
31	桧皮(ひわだ)色	暗い灰みの黄赤	1YR	4.3/	4
32	栗(くり)色	暗い黄赤	2YR	3.5/	4
33	黄赤(きあか)	あざやかな黄赤	2.5YR	5.5/	13
34	代赭(たいしゃ)	くすんだ黄赤	2.5YR	5/	8.5
35	駱駝(らくだ)色	くすんだ黄赤	4YR	5.5/	6
36	黄茶(きちゃ)	つよい黄赤	4YR	5/	9
37	肌(はだ)色	うすい黄赤	5YR	8/	5
38	橙(だいだい)色	あざやかな黄赤	5YR	6.5/	13
39	灰茶(はいちゃ)	暗い灰みの黄赤	5YR	4.5/	3
40	茶色	暗い灰みの黄赤	5YR	3.5/	4
41	焦茶(こげちゃ)	暗い灰みの黄赤	5YR	3/	2
42	柑子(こうじ)色	明るい黄赤	5.5YR	7.5/	9
43	杏(あんず)色	やわらかい黄赤	6YR	7/	6
44	蜜柑(みかん)色	あざやかな黄赤	6YR	6.5/	13
45	褐色(かっしょく)	暗い黄赤	6YR	3/	7
46	土色	くすんだ赤みの黄	7.5YR	5/	7
47	小麦色	やわらかい赤みの黄	8YR	7/	6
48	琥珀(こはく)色	くすんだ赤みの黄	8YR	5.5/	6.5
49	金茶(きんちゃ)	こい赤みの黄	9YR	5.5/	10
50	卵色	明るい赤みの黄	10YR	8/	7.5
51	山吹色	あざやかな赤みの黄	10YR	7.5/	13
52	黄土(おうど)色	くすんだ赤みの黄	10YR	6/	7.5
53	朽葉(くちば)色	灰みの赤みを帯びた黄	10YR	5/	2
54	向日葵(ひまわり)色	あざやかな黄	2Y	8/	14
55	鬱金(うこん)色	つよい黄	2Y	7.5/	12
56	砂(すな)色	明るい灰みの黄	2.5Y	7.5/	2
57	芥子(からし)色	やわらかい黄	3Y	7/	6
58	黄色	あざやかな黄	5Y	8/	14
59	蒲公英(たんぽぽ)色	あざやかな黄	5Y	8/	14
60	鶯茶(うぐいすちゃ)	暗い灰みの黄	5Y	4/	3.5
61	中黄(ちゅうき)	明るい緑みの黄	7Y	8.5/	11
62	刈安(かりやす)色	うすい緑みの黄	7Y	8.5/	7
63	黄蘗(きはだ)色	明るい黄緑	9Y	8/	8
64	海松(みる)色	暗い灰みの黄緑	9.5Y	4.5/	2.5
65	鶸(ひわ)色	つよい黄緑	1GY	7.5/	8
66	鶯(うぐいす)色	くすんだ黄緑	1GY	4.5/	3.5
67	抹茶(まっちゃ)色	やわらかい黄緑	2GY	7.5/	4
68	黄緑	あざやかな黄緑	2.5GY	7.5/	11

	慣用色名	対応する系統色名	HV/C		
69	苔（こけ）色	くすんだ黄緑	2.5GY	5/	5
70	若草色	あざやかな黄緑	3GY	7/	10
71	萌黄（もえぎ）	つよい黄緑	4GY	6.5/	9
72	草色	くすんだ黄緑	5GY	5/	5
73	若葉色	やわらかい黄緑	7GY	7.5/	4.5
74	松葉（まつば）色	くすんだ黄緑	7.5GY	5/	4
75	白緑（びゃくろく）	ごくうすい緑	2.5G	8.5/	2.5
76	緑	明るい緑	2.5G	6.5/	10
77	常磐（ときわ）色	こい緑	3G	4.5/	7
78	緑青（ろくしょう）色	くすんだ緑	4G	5/	4
79	千歳緑（ちとせみどり）	暗い灰みの緑	4G	4/	3.5
80	深緑	こい緑	5G	3/	7
81	萌葱（もえぎ）色	暗い緑	5.5G	3/	5
82	若竹（わかたけ）色	つよい緑	6G	6/	7.5
83	青磁（せいじ）色	やわらかい青みの緑	7.5G	6.5/	4
84	青竹（あおたけ）色	やわらかい青緑	2.5BG	6.5/	4
85	鉄（てつ）色	ごく暗い青緑	2.5BG	2.5/	2.5
86	青緑	あざやかな青緑	7.5BG	5/	12
87	錆浅葱（さびあさぎ）	灰みの青緑	10BG	5.5/	3
88	水浅葱（みずあさぎ）	やわらかい青緑	1.5B	6/	3
89	新橋（しんばし）色	明るい緑みの青	2.5B	6.5/	5.5
90	浅葱（あさぎ）色	あざやかな緑みの青	2.5B	5/	8
91	白群（びゃくぐん）	やわらかい緑みの青	3B	7/	4.5
92	納戸（なんど）色	つよい緑みの青	4B	4/	6
93	甕覗き（かめのぞき）	やわらかい緑みの青	4.5B	7/	4
94	水色	うすい緑みの青	6B	8/	4
95	藍鼠（あいねず）	暗い灰みの青	7.5B	4.5/	2.5
96	空色	明るい青	9B	7.5/	5.5
97	青	あざやかな青	10B	4/	14
98	藍（あい）色	暗い青	2PB	3/	5
99	濃藍（こいあい）	ごく暗い青	2PB	2/	3.5
100	勿忘草（わすれなぐさ）色	明るい青	3PB	7/	6
101	露草（つゆくさ）色	あざやかな青	3PB	5/	11
102	縹（はなだ）色	つよい青	3PB	4/	7.5
103	紺青（こんじょう）	暗い紫みの青	5PB	3/	4
104	瑠璃（るり）色	こい紫みの青	6PB	3.5/	11
105	瑠璃紺（るりこん）	こい紫みの青	6PB	3/	8
106	紺色	暗い紫みの青	6PB	2.5/	4
107	杜若（かきつばた）色	あざやかな紫みの青	7PB	4/	10
108	勝（かち）色	暗い紫みの青	7PB	2.5/	3
109	群青（ぐんじょう）色	こい紫みの青	7.5PB	3.5/	11

	慣用色名	対応する系統色名	HV/C		
110	鉄紺（てつこん）	ごく暗い紫みの青	7.5PB	1.5/	2
111	藤納戸（ふじなんど）	つよい青紫	9PB	4.5/	7.5
112	桔梗（ききょう）色	こい青紫	9PB	3.5/	13
113	紺藍（こんあい）	こい青紫	9PB	2.5/	9.5
114	藤（ふじ）色	明るい青紫	10PB	6.5/	6.5
115	藤紫（ふじむらさき）	明るい青紫	0.5P	6/	9
116	青紫（あおむらさき）	あざやかな青紫	2.5P	4/	14
117	菫（すみれ）色	あざやかな青紫	2.5P	4/	11
118	鳩羽（はとば）色	くすんだ青紫	2.5P	4/	3.5
119	菖蒲（しょうぶ）色	あざやかな青みの紫	3P	4/	11
120	江戸紫（えどむらさき）	こい青みの紫	3P	3.5/	7
121	紫	あざやかな紫	7.5P	5/	12
122	古代紫（こだいむらさき）	くすんだ紫	7.5P	4/	6
123	茄子紺（なすこん）	ごく暗い紫	7.5P	2.5/	2.5
124	紫紺（しこん）	暗い紫	8P	2/	4
125	菖蒲（あやめ）色	明るい赤みの紫	10P	6/	10
126	牡丹（ぼたん）色	あざやかな赤紫	3RP	5/	14
127	赤紫	あざやかな赤紫	5RP	5.5/	13
128	鴇（とき）色	明るい紫みの赤	7RP	7.5/	8
129	躑躅（つつじ）色	あざやかな紫みの赤	7RP	5/	13
130	桜色	ごくうすい紫みの赤	10RP	9/	2.5
131	白	白	N	9.5	
132	胡粉（ごふん）色	黄の白	2.5Y	9.2/	0.5
133	生成り色（きなりいろ）	赤みを帯びた黄みの白	10YR	9/	1
134	象牙（ぞうげ）色	黄のうすい灰色	2.5Y	8.5/	1.5
135	銀鼠（ぎんねず）	明るい灰色	N	6.5	
136	茶鼠（ちゃねずみ）	黄赤みの灰色	5YR	6/	1
137	鼠（ねずみ）色	灰色	N	5.5	
138	利休鼠（りきゅうねずみ）	緑の灰色	2.5G	5/	1
139	鉛（なまり）色	青の灰色	2.5PB	5/	1
140	灰色	灰色	N	5	
141	煤竹（すすたけ）色	赤みを帯びた黄みの暗い灰色	9.5YR	3.5/	1.5
142	黒茶（くろちゃ）	黄赤みの黒	2.5YR	2/	1.5
143	墨（すみ）	黒	N	2	
144	黒茶（くろちゃ）	黒	N	1.5	
145	鉄黒（てつくろ）	黒	N	1.5	
146	金色				
147	銀色				

2 外来色名

	慣用色名	対応する系統色名	HV/C		
1	オールドローズ	やわらかい赤	1R	6/	6.5
2	ローズ	あざやかな赤	1R	5/	14
3	ストロベリー	あざやかな赤	1R	4/	14
4	コーラルレッド	明るい赤	2.5R	7/	11
5	ピンク	やわらかい赤	2.5R	7/	7
6	ボルドー	ごく暗い赤	2.5R	2.5/	3
7	ベビーピンク	うすい赤	4R	8.5/	4
8	ポピーレッド	あざやかな赤	4R	5/	14
9	シグナルレッド	あざやかな赤	4R	4.5/	14
10	カーマイン	あざやかな赤	4R	4/	14
11	レッド	あざやかな赤	5R	5/	14
12	トマトレッド	あざやかな赤	5R	5/	14
13	マルーン	暗い赤	5R	2.5/	6
14	バーミリオン	あざやかな黄みの赤	6R	5.5/	14
15	スカーレット	あざやかな黄みの赤	7R	5/	14
16	テラコッタ	くすんだ黄みの赤	7.5R	4.5/	8
17	サーモンピンク	やわらかい黄みの赤	8R	7.5/	7.5
18	シェルピンク	ごくうすい黄赤	10R	8.5/	3.5
19	ネールピンク	うすい黄赤	10R	8/	4
20	チャイニーズレッド	あざやかな黄赤	10R	6/	15
21	キャロットオレンジ	つよい黄赤	10R	5/	11
22	バーントシェンナ	くすんだ黄赤	10R	4.5/	7.5
23	チョコレート	ごく暗い黄赤	10R	2.5/	2.5
24	ココアブラウン	暗い灰みの黄赤	2YR	3.5/	4
25	ピーチ	明るい灰みの黄赤	3YR	8/	3.5
26	ローシェンナ	つよい黄赤	4YR	5/	9
27	オレンジ	あざやかな黄赤	5YR	6.5/	13
28	ブラウン	暗い灰みの黄赤	5YR	3.5/	4
29	アプリコット	やわらかい黄赤	6YR	7/	6
30	タン	くすんだ黄赤	6YR	5/	6
31	マンダリンオレンジ	つよい赤みの黄	7YR	7/	11.5
32	コルク	くすんだ赤みの黄	7YR	5.5/	4
33	エクルベイジュ	うすい赤みの黄	7.5YR	8.5/	4
34	ゴールデンイエロー	つよい赤みの黄	7.5YR	7/	10
35	マリーゴールド	あざやかな赤みの黄	8YR	7.5/	13
36	バフ	やわらかい赤みの黄	8YR	6.5/	5
37	アンバー	くすんだ赤みの黄	8YR	5.5/	6.5
38	ブロンズ	暗い赤みの黄	8.5YR	4/	5
39	ベージュ	明るい灰みの赤みを帯びた黄	10YR	7/	2.5

	慣用色名	対応する系統色名	HV/C		
40	イエローオーカー	こい赤みの黄	10YR	6/	7.5
41	バーントアンバー	ごく暗い赤みの黄	10YR	3/	3
42	セピア	ごく暗い赤みの黄	10YR	2.5/	2
43	カーキー	くすんだ赤みの黄	1Y	5/	5.5
44	ブロンド	やわらかい黄	2Y	7.5/	7
45	ネープルスイエロー	つよい黄	2.5Y	8/	7.5
46	レグホーン	やわらかい黄	2.5Y	8/	4
47	ローアンバー	暗い黄	2.5Y	4/	6
48	クロムイエロー	明るい黄	3Y	8/	12
49	イエロー	あざやかな黄	5Y	8.5/	14
50	クリームイエロー	ごくうすい黄	5Y	8.5/	3.5
51	ジョンブリアン	あざやかな黄	5Y	8.5/	14
52	カナリヤ	明るい緑みの黄	7Y	8.5/	10
53	オリーブドラブ	暗い灰みの緑を帯びた黄	7.5Y	4/	2
54	オリーブ	暗い緑みの黄	7.5Y	3.5/	4
55	レモンイエロー	あざやかな緑みの黄	8Y	8/	12
56	オリーブグリーン	暗い灰みの黄緑	2.5GY	3.5/	3
57	シャトルーズグリーン	明るい黄緑	4GY	8/	10
58	リーフグリーン	つよい黄緑	5GY	6/	7
59	グラスグリーン	くすんだ黄緑	5GY	5/	5
60	シーグリーン	つよい黄緑	6GY	7/	8
61	アイビーグリーン	暗い黄緑	7.5GY	4/	5
62	アップルグリーン	やわらかい黄みの緑	10GY	8/	5
63	ミントグリーン	明るい緑	2.5G	7.5/	8
64	グリーン	あざやかな緑	2.5G	5.5/	10
65	コバルトグリーン	明るい緑	4G	7/	9
66	エメラルドグリーン	つよい緑	4G	6/	8
67	マラカイトグリーン	こい緑	4G	4.5/	9
68	ボトルグリーン	ごく暗い緑	5G	2.5/	3
69	フォレストグリーン	くすんだ青みの緑	7.5G	4.5/	5
70	ビリジアン	くすんだ青みの緑	8G	4/	6
71	ビリヤードグリーン	暗い青みの緑	10G	2.5/	5
72	ピーコックグリーン	あざやかな青緑	7.5BG	4.5/	9
73	ナイルブルー	くすんだ青緑	10BG	5.5/	5
74	ピーコックブルー	こい青緑	10BG	4/	8.5
75	ターコイズブルー	明るい緑みの青	5B	6/	8
76	マリンブルー	こい緑みの青	5B	3/	7
77	ホリゾンブルー	やわらかい青	7.5B	7/	4
78	シアン	明るい青	7.5B	6/	10

		慣用色名	対応する系統色名	HV/C		
	79	スカイブルー	明るい青	9B	7.5/	5.5
	80	セルリアンブルー	あざやかな青	9B	4.5/	9
	81	ベビーブルー	明るい灰みの青	10B	7.5/	3
	82	サックスブルー	くすんだ青	1PB	5/	4.5
	83	ブルー	あざやかな青	2.5PB	4.5/	10
	84	コバルトブルー	あざやかな青	3PB	4/	10
	85	アイアンブルー	暗い紫みの青	5PB	3/	4
	86	プルシャンブルー	暗い紫みの青	5PB	3/	4
	87	ミッドナイトブルー	ごく暗い紫みの青	5PB	1.5/	2
	88	ヒヤシンス	くすんだ紫みの青	5.5PB	5.5/	6
	89	ネービーブルー	暗い紫みの青	6PB	2.5/	4
	90	ウルトラマリンブルー	こい紫みの青	7.5PB	3.5/	11
	91	オリエンタルブルー	こい紫みの青	7.5PB	3/	10
	92	ウイスタリア	あざやかな青紫	10PB	5/	12
	93	パンジー	こい青紫	1P	2.5/	10
	94	ヘリオトロープ	あざやかな青紫	2P	5/	10.5
	95	バイオレット	あざやかな青紫	2.5P	4/	11
	96	ラベンダー	灰みの青みを帯びた青紫	5P	6/	3
	97	モーブ	つよい青みの紫	5P	4.5/	9
	98	ライラック	やわらかい紫	6P	7/	6
	99	オーキッド	やわらかい紫	7.5P	7/	6
	100	パープル	あざやかな紫	7.5P	5/	12
	101	マゼンタ	あざやかな赤紫	5RP	5/	14
	102	チェリーピンク	あざやかな赤紫	6RP	5.5/	11.5
	103	ローズレッド	あざやかな紫みの赤	7.5RP	5/	12
	104	ローズピンク	明るい紫みの赤	10RP	7/	8
	105	コチニールレッド	あざやかな紫みの赤	10RP	4/	12
	106	ルビーレッド	あざやかな紫みの赤	10RP	4/	14
	107	ワインレッド	こい紫みの赤	10RP	3/	9
	108	バーガンディー	ごく暗い紫みの赤	10RP	2/	2.5
	109	ホワイト	白	N	9.5	
	110	スノーホワイト	白	N	9.5	
	111	アイボリー	黄みのうすい灰色	2.5Y	8.5/	1.5
	112	スカイグレイ	青みの明るい灰色	7.5B	7.5/	0.5
	113	パールグレイ	明るい灰色	N	7	
	114	シルバーグレイ	明るい灰色	N	6.5	
	115	アッシュグレイ	灰色	N	6	
	116	ローズグレイ	赤みの灰色	2.5R	5.5/	1
	117	グレイ	灰色	N	5	
	118	スチールグレイ	紫みの灰色	5P	4.5/	1
	119	スレートグレイ	暗い灰色	2.5PB	3.5/	0.5

	慣用色名	対応する系統色名	HV/C		
120	チャコールグレイ	紫みの暗い灰色	5P	3/	1
121	ランプブラック	黒	N	1	
122	ブラック	黒	N	1	

【参考文献】

JIS Z 8102 : 2001 物体色の色名

資料2　色にまつわる諺と成句

　明らかに色と色相の語に関係する諺、成句を人生訓の観点から選んでみた。各句に意味をつけ、ふりがな、類句なども適宜加えた。ここで取上げた以外の色についても諺、成句の語源を辿ってみるとおもしろい発見があるだろう。

1. **十人十色**：好みや考えなどは、人によってそれぞれ異なるということ。
2. **色即是空**：仏語。「般若心経」。この世にあるすべてのもの（色）は、因と縁によって存在しているだけで、固有の本質をもっていない（空）という、仏教の基本的な教義。→ 空即是色。
3. **色改まる**：喪が明けて喪服を平常の衣服に着替える。
4. **色に出ず**：思いが表面に表れる。様子に出る。色づく。色に表れる。
5. **色を失う**：恐れ・驚きなどのため、顔色が青ざめる。
6. **色を正す**：まじめな顔つきになる。
7. **色を付ける**：商いなどで、おまけをつけたり、値を引いたりする。事に際して融通をきかす。
8. **色を直す**：元気を取り戻す。（怒っていた）顔色をやわらげる。
9. **色めき立つ**：緊張・興奮の様子が表れる。また、動揺し始める。
10. **色の白いは七難隠す**：色白の女性は多少顔立ちが悪くとも美しく見える。
11. **色も香もある**：外見・内面がともに備わっている。名実兼ね備わる。花も実もある。
12. **色を変える**：（怒り・喜びなどで）顔色を変える。
13. **色を作す**：怒りのため顔色を変える。

14. 白羽の矢が立つ：大勢の中から、特に選ばれて指名されること。
15. 青菜に塩：元気だったものが、急に元気をなくししょんぼりしてしまうこと。
16. 青筋を立てる：こめかみに静脈を浮き立たせるほど激怒したり、興奮すること。
17. 青葉は目の薬：青葉の緑は、疲れた目を薬の様にすっきり回復させる効果がある。
18. 白黒を争う：相手と対決して、どちらが正しいかをはっきりさせる。
19. 朱に交われば赤くなる：人は交際する友人や周りの環境の影響を受けやすく、それによって良くも悪くもなる。
20. 青天の霹靂：青く晴れ渡った空に突然雷が鳴り響くことから、突然起こる事変や大事件。
21. 隣の花は赤い：他人の物はよく見えて、うらやましく思うのが人の常である。【類句】隣の薔薇は赤い、隣の芝生は青い。
22. 白紙に戻す：何もなかった元の状態にする。
23. 腹が黒い：心の中に悪い考えを持っている。
24. 赤心を推して人の腹中に置く：真心を以て人に接し、少しも隔てを置かないこと。また人を信じて疑わないこと。
25. 大人は赤子の心を失わず：徳の高い人は、赤子のように純真な心を失わない。また、一国の君主たるものは、その民の心を失わない。
26. 紅は園生に植えても隠れなし：紅花は、花の沢山咲いている庭園に植えても人目を引く。才徳の優れた者は、どのような所に居てもきわだって見える意。
27. 朝に紅顔あって夕べに白骨となる：世の中は無情で人の生死が予測できない。
28. 紺屋の白袴：紺屋（染め物屋）は、染めることを仕事にしていながら、自分は忙しくて染めない白い袴をはいていることから、人のことはあれこれするけれど、自分にまで手が回らないこと。もしくは人にはあれこれ指図するけれど自分は何もしないことをいう。【類

句】髪結いの乱れ髪、医者の不養生。

29. **黒白を弁ぜず**：物事の是非善悪の区別ができない。
30. **這っても黒豆**：事理明白であるにもかかわらず、その道理に従わないで、あくまでも自説を主張する人のことをいう。
31. **青雲の志**：2つの意味があり、1つは社会的に高い地位につき有名になろうとする志、もう1つは行いが清く俗世から離れようとする志をいう。
32. **青天白日**：心にやましいところが全くないこと。また、無罪であることが明らかなこと。身が潔白なこと。
33. **青は藍より出でて藍よりも青し**：青色の染料は藍という草の葉から採ったものであるが、元の藍の葉よりも美しい色をしていることから、教えを受けた弟子が先生よりも優れた人になることのたとえ。
34. **青山ただ青を磨く**：青々と茂った山がいつまでもその美しさを失わないように、君子もまたその徳を失うことはない。
35. **人間至る処青山あり**：故郷だけが骨を埋める土地とは限らない。人間が活動する場所はどこにでもある。
36. **黄牛に腹突かれる**：温順な牛に突かれる。油断して失敗することをいう。（注：黄牛は飴色の牛で、上等な牛として尊ばれた。）
37. **柳は緑 花は紅**：春の景色の美しさをいったことば。また物にはそれぞれ、その物にふさわしい特性があるということ。
38. **白刃踏むべし**：刀のむきみを踏むことをも辞さない。勇気のあること。
39. **白駒の隙を過ぐるが如し**：月日の過ぎるのは早く、人生の短いことをいう。人の一生は、白駒が壁のすきまの向こうをちらりと走り過ぎるような、極めて短いものであるという意味。【類句】光陰矢の如し。
40. **清白を子孫に遺す**：いさぎよく清らかな心を子孫に伝える。
41. **堅白同異の弁**：こじつけの論理。堅くて白い石は、目で見た時は白いのは分かるが堅いことはわからない。手で触れただけでは堅いこ

とはわかるが色はわからない。よって堅いことと白いことは同時には成立しないといった、戦国時代の公孫竜が唱えた説。

42. 隣の白飯より内の粟飯：自分の家が一番よいということ。
43. 江戸紫に京鹿子：江戸時代に、江戸と京都の染色の特徴を並称したことば。紫は江戸が、鹿の子絞りは京都が一番であるという意味。
44. 暗闇の猫は皆灰色：暗闇では人や物の区別がしにくくなる。つまり、暗闇では欠点が見えなくなってしまうという意。
45. 雪に白鷺：雪も白鷺も白色であるところから見分け難いこと、また目立たないことの喩え。【類句】闇夜に烏。
46. 青柿が熟柿弔う：熟した柿が落ちてつぶれたのを隣の青柿がいたわしいことだと弔い同情すること。青柿もいつか同じ運命になることを忘れていることから、はなはだしい差異のない者が少しばかりの優劣をもとにあれこれ言うことのたとえ。【類句】目糞鼻糞を笑う。猿の尻笑い。
47. 赤松打ち割ったよう：竹を割ったようと同じ意で、さっぱりとした気性をいう。また気性がさっぱりとしているさま。
48. 柿が赤くなれば医者は青くなる：晩秋の頃は健康によい季節で病人が少ないということ。【類句】十月の戸たて医者。柚が色付くと医者が青くなる。
49. 白豆腐の拍子木：きれいで大きいが打つ道具にはならない。見かけ倒しで働きのない者。うどの大木。
50. 白砂青松：白い砂浜と青い松の織りなす海辺の美しい景色を形容することば。
51. 枇杷が黄色くなると医者が忙しくなる：枇杷の色付く頃になると病人が多くなる。夏になると急に病人が増えて医者が繁盛することをいう。
52. 木欒子は白くならず：天性は改めることができないたとえ。また苦労しても効果の薄いことのたとえ。

【参考文献】

『広辞苑』

『大辞林』(yahoo! 辞書検索より)

『精選版　日本国語大辞典』

資料3 歳時記

　日本から年中行事が急速に消えつつあるのか、正月に、門松や初詣での晴れ着を見かけることが少なくなった。日本の古き時代から続く風物詩の風情中の色の余韻を、次世代に伝えたいものである。次に、日本の年中行事のいくつかを示すが、各々どのような色がイメージとして描けるであろうか。

【1月】

　初詣でとは、年が明けてから初めて社寺へ参拝し一年の無事と平安を祈る行事で、初参りともいう。従来は氏神またはその年の恵方の方角にある社寺に詣でること（恵方参り）が多かったが、近年はそれらと関係なく有名な社寺へ参るのが一般的である。寺社へ参拝をし、社務所でお守り、破魔矢、風車、熊手などを買い、絵馬に願い事を書いたり、おみくじを引いたりしてこの一年がよい年であるよう祈る。また境内では甘酒やお神酒が振舞われ、これを飲むと厄除けになるといわれる。

　ここで恵方参りとは、正月元旦にその年の恵方（古くは正月の神の来臨する方向。後に暦術が入って、その年の歳徳神のいる方角をいう）に当たる神社に参詣することをいう。

【2月】

　節分は立春の前日をいい、2月の3日か4日にあたる。節分はもともと立春立夏立秋立冬の四季の分かれ目を意味したが、特に立春の前日だけを節分と呼ぶようになったのは、旧暦では立春前の節分が年の始めの前日に当たることと、季節が冬から春に移る時期から特別な意味を持つからである。この日には節分祭が行われ、豆まきが神社や各家庭で行わ

れるが、これは平安時代より宮中で、大晦日に邪気や災厄を祓う行事として行われていた追儺(ついな)の儀式が起源とされる。また厄年は立春から始まるとして、現在でも節分に厄除けの神事を行う地方も多くある。

　ここで追儺とは、大晦日の夜に行われる朝廷の年中行事のひとつで、鬼に扮した舎人を殿中人らが桃の弓、葦の矢、桃の杖で追いかけて逃走させるというもの。中国の風習が文武天皇の時代に日本に伝わったとされる。江戸時代初めに廃絶したが、社寺や民間には節分の行事として各地に今も伝わり、豆まきをする。

【3月】
　雛祭は、3月3日の上巳(じょうし)の節句に、女児のいる家で幸福・成長を祈って雛壇を設けて雛人形を飾り、調度品を具え、菱餅・白酒・桃の花などを供える祭である。3月初めの巳の日に、水辺に出て災いを祓うためのみそぎやお祓いを行ったもので、奈良時代頃から3月3日の行事として定着したが、この時用いられた人形(ひとがた)が流し雛の源流である。平安時代には、小さくてかわいらしいことを「ひいな」と呼び、幼女が小さな人形で遊ぶことを「ひいな遊び」といった。江戸時代に「上巳節」と「ひいな遊び」が結びつき、江戸の武家や富裕町人が贅を尽くして飾りだした時に、雛人形も現在のような豪華な衣装の座り雛が登場したという。

【4月】
　お花見：日本よりも中国やインドの方が桜の自生歴はあるが、日本のように宴を催すことはしない。奈良時代には庭に桜が植え始められ、平安時代には貴族の間で桜を邸内に植えるのが流行り始めたという。室町時代には、世に「花の御所」と呼ばれる多くの花木を植えた室町殿が足利氏によって完成し、この頃から春の桜狩りは、秋の紅葉狩りと並ぶ日本独特の行楽行事となった。江戸時代になると、一般庶民の間にも花見が盛んになり、御室(おむろ)（京都市右京区の地名で仁和寺が有名）や嵐山、東山など多くの名所が誕生した。

【5月】

　端午の節句（5月5日の節句）には、邪気を払うため菖蒲（しょうぶ）や蓬（よもぎ）を軒に挿し、粽（ちまき）や柏餅を食べる。武家社会では、菖蒲と尚武（武士道を重んじる事）の音通もあり、雛祭に対して男子の節句とされ、甲冑・武者人形などを飾り、庭前に幟旗や鯉幟を立てて男子の成長を祝った。明治時代になると、一般家庭でも武家と同様に祝うようになった。

【7月】

　七夕とは、五節句の一で、天の川の両岸にある牽牛星（けんぎゅう）と織女星（しょくじょ）とが年に1度相会するという、7月7日の夜、星を祭る行事である。中国伝来の乞巧奠（きこうでん）の風習と日本の神を待つ「棚機女（たなはたつめ）」の信仰とが合したものといわれ、奈良時代には宮中で七夕祭りが催されており、江戸時代には民間にも広まった。庭前に供え物をし、葉竹を立て、五色の短冊に歌や字を書いて飾りつけ、書道や裁縫の上達を祈る。

　ここで乞巧奠とは、もとは中国の行事であり、陰暦7月7日の行事で、女子が手芸・裁縫などの上達を祈ったもの。

【8月】

　お盆は、旧暦7月15日を中心に各地で行事が行われる。お盆はもともと我が国古来の祖先祭祀で、正月と同様に先祖の精霊を家に迎えてお祭りを行うもので（御魂祭）、仏教伝来以前から行われていた。地域によっては新暦の7月に行う。13日には墓参りをして先祖の精霊を迎え、15日には送るのが習わしである。

【9月】

　観月祭：旧暦8月15日は、十五夜、中秋の名月ともいわれ、各地の神社では月の出るのを待って観月祭が行われ、各家庭でも月見団子などのお供え物をして祝う事が一般的に行われる。観月という行事は中国伝来のもので、日本では月に農作物の豊穣を祈る祭礼として定着し、特に

秋の月を尊ぶのも稲穂の成熟と関係がある。月を祭るのは、十三夜、十五夜、十六夜、十七夜、十九夜、二十三夜で、これを「月待ち」と称し、月待ちは特に正月、5月、9月などに限り行われた。

【11月】

七五三は、男子の3歳と5歳、女子の3歳と7歳の年に行う。これは3歳の髪置きの祝い（男女）、5歳の袴着（男）、7歳の帯解き（女）という子供の成長に伴う儀式のなごりといわれ、元来11月15日に行うものであった。旧暦11月15日は満月にあたり、秋祭りを行う日として多く選ばれたためで、その日に子供たちの成長を合わせて感謝し、祈った事から始まったといわれる。

【12月】

煤払いは、新年を迎えるにあたり年末に家の内外を大掃除する行事で、煤掃き、煤納めともいわれ、元来12月13日の事始めに盛大に行われた。もともとは正月に年神さまを家にお迎えする準備のための宗教的な行事で、単なる掃除ではなく、正月事始め、神祭りの始め、物忌みの始めのものであった。

【参考文献】

朝日新聞社編（1983）『色の歳時記』朝日新聞社
朝日新聞社編（1986）『色の博物誌』朝日新聞社

索　引

アルファベット

CIE（Commission Internationale de l'Eclairage：国際照明委員会） 4
color 2
CUDO（Color Universal Design Organization：カラーユニバーサルデザイン機構） 103
　── が提唱する色覚分類用語 104
JIS 標準色票 18
NCS（Natural Color System） 24
→ ナチュラルカラーシステム
　── 色空間 25
　── 色相環 26
PCCS（Practical Color Co-ordinate System：日本色研配色体系） 27
　── 色相 28
　── 色相環 29
SD 法 66
xy 色度図 31
XYZ 表色系 30

あ 行

アクセントカラー 79
アソートカラー 79
暗順応 39

位階と当色 128
池田潤平 90
異色相配色 72
伊藤久美子 92

イルミナント 5
色 1
　── 対比 41
　── と大きさ感 44
　── と距離感 44
　── にまつわる諺と成句 154
　── の残像 39
　── の三属性 18
　── の面積効果 43
インターカラー（国際流行色委員会） 143

繧繝彩色（うんげんさいしき） 126

縁辺対比 41

大山 正 67, 92
オストワルト, W. 21, 83
　── 色相環 21
　── 等色相三角形 23
　── 表色系 21
威（おどし） 134

か 行

開口色 3
外来色名 14, 150
角膜 6
重色目（かさねのいろめ） 132
襲色目（かさねのいろめ） 133
可視放射 3
甲冑（かっちゅう） 134
加法混色 35

163

カマイユ配色　80
カラーオーダーシステム　13, 17
カラーユニバーサルデザイン
　（CUD）　103
冠位十二階　127
眼球　6
　──の断面図　7
神作順子　89
杆体　6
慣用色名　14, 146

木村俊夫　111
共通性の原理　87
禁色（きんじき）　131
金碧障壁画（きんぺき）　137
金襴　135

グラデーション　79

継時対比　41
系統色名　14
ゲーテ，J. W. von　81
顕色系　17
減法混色　37
　──の三原色　37

『光学』（ニュートン）　81
国旗の色と意味　99
ことばからの連想色　57, 58
混色　35
　──系　17
コンプレックスハーモニー　78

さ　行

歳時記　159
彩度　20, 28
　──対比　41

寂（さび）　135

紫外放射，紫外線　4
色覚の異常　9
色光の三原色　35
『色彩概論』（濱八百彦）　88
『色彩學』（矢野道也）　88
『色彩調和と配色』（星野昌一）　88
色彩調和の形式　89
『色彩論』（ゲーテ）　81
色弱者　105
色相　18
　──環　18
　──対比　41
色票集　18
色名から連想される語　47
四十八茶百鼠　140
視認性　42
ジャッド，D. B.　85
シュヴルール，M. E.　83
　──の色彩調和論　83
主観色　37
純紫軌跡　32
硝子体　6
象徴語からの連想色　51, 54
人像埴輪　125

水晶体　6
錐体　6
スペクトル軌跡　32
スマーフ村　112
摺染（すりぞめ）　124
摺箔（すりはく）　137

赤外放射，赤外線　4
セパレーションカラー　79
先天性色覚異常の分類　10

装飾古墳　124

た　行

高松塚古墳壁画　129
建物外部の色彩　112
建物室内の色彩　108
単色の感情効果　61

秩序の原理　87
中間混色　37
昼光イルミナント　5
中心窩　6

塚田　敢　68
辻が花染　138
辻本明江　90

電磁波と可視光の波長範囲　4

同一色相配色　70
同化効果　40
瞳孔　6
当色(とうじき)　131
同時対比　41
等色相面　18
トーナル配色　80
富家　直　92
ドミナントカラー配色　80
ドミナントトーン配色　80
虎塚古墳壁画(とらづかこふん)　125
トーン　28
　――の概念図　29
　トーンイントーン配色　80
　トーンオントーン配色　80

な　行

長崎盛輝　132

なじみの原理　87
ナチュラルカラーシステム（NCS）
　24
ナチュラルハーモニー　78
納谷嘉信　90
難波精一郎　90

日常着の色　116
日本色研配色体系（PCCS）　27
日本の国旗　101
ニュートン，I.　81

縫箔(ぬいはく)　137

は　行

配色：
　――の考え方　77
　――の感情効果　68
　異色相――　70
　カマイユ――　80
　同一色相――　70
　トーナル――　80
　ドミナントカラー――　80
　ドミナントトーン――　80
　トーンイントーン――　80
　トーンオントーン――　80
　フォカマイユ――　80
　無彩色を含む――　72
濱八百彦　88，95
林知己夫　92，95

比視感度曲線　8
標準イルミナント　5
表面色　3

ファッション雑誌掲載にみる服の色
　113

索　引　*165*

フォカマイユ配色　80
物体色　3
プルキンエ現象　8

ベースカラー　79
ヘリング, E.　21
ベンハムのコマ　37, 38

保育室の色彩　111
放射　3
星野昌一　88
補色残像　39
補助標準イルミナント　5
細野尚志　89, 92

ま　行

マンセル, A. H.　17
　―― 表色系　17

無彩色　15
　―― を含む配色　72
ムーンとスペンサー　84, 90

明順応　39
メイス, R.　102
明度　18, 28

―― 対比　41
明瞭性の原理　87

盲点　6
網膜　6
モーベイン　142
森　伸雄　90

や　行

役者色　139
矢野道也　88
矢部和子　92

有彩色　15
友禅染　140
誘目性　42
ユニバーサルデザイン　102
　―― の具体例　102
　―― の７原則　102
聴色(ゆるしいろ)　131

ら　行

流行色　138

わ　行

和色名　14, 146

著者紹介

宮田久美子（みやた・くみこ）

日本女子大学家政学部卒業。茨城大学大学院人文科学研究科文化構造専攻修了。博士（学術）（筑波大学）。

常磐短期大学助教授を経て、現在　同大学教授、武蔵野美術大学非常勤講師他。

主な著書は、『色と色彩の心理学』（共著，2014年，培風館）、『色彩学入門—色と感性の心理』（共著、2009年、東京大学出版会）、『衣生活と介護』（共著、2002年、医歯薬出版）、『プレゼンテーション』（共著、1996年、嵯峨野書院）他。

暮らしの中の色彩学入門
色と人間の感性

初版第1刷発行　2014年6月15日

著　者　宮田久美子
発行者　塩浦　暲
発行所　株式会社 新曜社
　　　　〒101-0051　東京都千代田区神田神保町3-9
　　　　電話（03）3264-4973・Fax（03）3239-2958
　　　　E-mail：info@shin-yo-sha.co.jp
　　　　URL　http://www.shin-yo-sha.co.jp/
印　刷　メデューム
製　本　イマキ製本所

©Kumiko Miyata, 2014 Printed in Japan
ISBN978-4-7885-1391-4　C1011

新曜社の関連書

見てわかる視覚心理学	大山正・鷲見成正 著	A5判160頁＋DVD　本体2800円
視覚ワールドの知覚	J. J. ギブソン 著 東山篤規・竹澤智美・村上嵩至 訳	A5判320頁　本体3500円
錯覚の世界 古典からCG画像まで	J. ニニオ 著 鈴木光太郎・向井智子 訳	B5判変型226頁＋カラー12頁　本体3800円
視覚のトリック だまし絵が語る〈見る〉しくみ	R. N. シェパード 著 鈴木光太郎・芳賀康朗 訳	A5判248頁　本体2400円
もうひとつの視覚 〈見えない視覚〉はどのように発見されたか	M. グッデイル・D. ミルナー 著 鈴木光太郎・工藤信雄 訳	A5判208頁＋カラー8頁　本体2500円
キーワード心理学シリーズ1 **視　　覚**	重野純・高橋晃・安藤清志 監修 石口 彰 著	A5判164頁　本体2100円
共感覚 もっとも奇妙な知覚世界	J. ハリソン 著 松尾香弥子 訳	四六判348頁　本体3500円
誰のためのデザイン？ 認知科学者のデザイン原論	D. A. ノーマン 著 野島久雄 訳	四六判456頁　本体3300円
エモーショナル・デザイン 微笑を誘うモノたちのために	D. A. ノーマン 著 岡本明・安村通晃・伊賀聡一郎・上野晶子 訳	四六判376頁　本体2900円
脳は絵をどのように理解するか 絵画の認知科学	R. L. ソルソ 著 鈴木光太郎・小林哲生 訳	A5判368頁　本体3500円

＊表示価格は消費税を含みません。